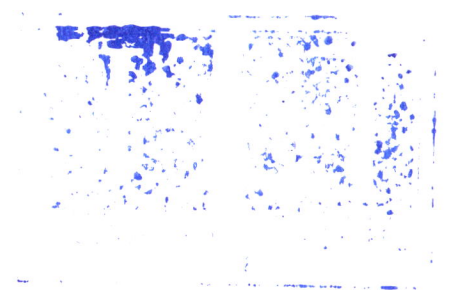

Wegweiser durch die Literatur zur NS-Geschichte in Bonn

Eine Bibliographie von Horst-Pierre Bothien

Forum Geschichte 1

Eine Schriftenreihe des Stadtmuseums zur Geschichte Bonns im 18. bis 20. Jahrhundert

Horst-Pierre Bothien, *Wegweiser durch die Literatur zur NS-Geschichte in Bonn,*
Eine Bibliographie, Bonn 1998 (Forum Geschichte 1. Eine Schriftenreihe des Stadtmuseums zur Geschichte
Bonns im 18. bis 20. Jahrhundert)
Redaktionelle Überarbeitung: Frank Rehn

Produktion: Harald Ott, Bonn
Druck: Thenée Druck, Bonn

Redaktionsschluß: September 1997

ISBN 3-931878-06-6
© Stadtmuseum Bonn 1998

Inhalt

Seite

Vorwort 5

1. Überblicksdarstellungen, Kalendarien etc. 7

2. Zur Vorgeschichte und „Machtergreifung" 11

3. NSDAP, NS-Gesellschaft und NS-Alltag 15

4. NS-Verfolgungsapparat und Justiz 20

5. Widerstand, mutiges Widerstehen und einzelne politische Verfolgte . . . 25

6. Kirchen und Glaubensgemeinschaften 30

7. Jugend und Schule 39

8. Frauen bzw. Rolle von Frau und Mann in der NS-Gesellschaft 44

9. Universität und verfolgte Professoren 47

10. Juden und Judenverfolgung 55

11. Eugenik 66

12. Sinti und Roma 71

13. „FremdarbeiterInnen" 73

14. Militär, Zweiter Weltkrieg und Kriegsende 77

15. Nachgeschichte 84

AutorInnenverzeichnis 93

Vorwort

Immer wieder werden BürgerInnen mit dem Thema Nationalsozialismus konfrontiert. Nicht selten erwacht dann auch ein Interesse, sich mit der lokalen NS-Geschichte auseinanderzusetzen. Das Angebot an Literatur zu diesem Thema ist in den letzten Jahren enorm gestiegen, so daß es sinnvoll erscheint, für „Neueinsteiger", aber auch für speziell Interessierte einen Wegweiser durch das vorhandene Schrifttum anzubieten.

Die vorliegende Bibliographie zur NS-Geschichte in Bonn möchte ein solcher Wegweiser sein. Er soll den Einstieg in das Thema erleichtern und Orientierung bieten. Doppelarbeit wird so vermieden und das Augenmerk auf noch nicht oder noch unzulänglich Erforschtes gerichtet. Hierfür erschien es nicht sinnvoll, bibliographische Vollständigkeit anzustreben: Zum einen wäre dies aufgrund der Fülle gar nicht möglich, zum anderen würden sich viele Interessierte in einem solchen Angebot verlieren. Auch ist die Qualität der Beiträge zur Bonner NS-Geschichte recht unterschiedlich. Die Bibliographie beinhaltet deshalb auch nur eine Auswahl des vorhandenen Schrifttums. Folgendes wurde berücksichtigt:

– Monographien zum Thema;

– Aufsätze zum Thema in Aufsatzsammlungen;

– Gesamtdarstellungen der Geschichte Bonns, die eine ausführliche Passage über die NS-Zeit enthalten;

– nicht veröffentlichte Manuskripte, Untersuchungen von Schüler-, Studenten- und Projektgruppen sowie von Einzelforschern, soweit sie einen originellen Charakter besitzen und greifbar waren. Auch zusammengestelltes Quellenmaterial – Briefe, Tagebuchaufzeichnungen etc. – wurde berücksichtigt. Eine systematische Durchforstung des Stadtarchivs nach solchem Material konnte indessen nicht geleistet werden.

In die Bibliographie wurde neben veröffentlichten Dissertationen und wissenschaftlichen Monographien auch eine Vielzahl von Klein- und Splitterbeiträgen aufgenommen. Dies geschah mit Absicht, zeigt sich doch auf diese Weise die Breite des Engagements für das Thema. Gerade auch die vielen Schüler- und Gruppenarbeiten sollen LehrerInnen, SchülerInnen und andere Interessierte motivieren, ähnliche Projekte anzugehen.

Auf die Aufnahme der zahlreichen Jubiläums- und Festschriften, Schul-, Betriebs-, Institutions-, Haus-, Innungs-, Berufsverbands-, Vereins- oder Parteigeschichten wurde verzichtet. In ihnen ist zumeist auch ein Kapitel über die NS-Zeit zu finden, das allerdings oft kurz ausfällt und wenig aussagekräftig ist – jedenfalls erhielt ich diesen Eindruck bei der Durchsicht zahlreicher solcher Schriften. Verzichtet wurde auch weitgehend auf die Nennung von Zeitungs- und nichtwissenschaftlichen Zeitschriftenartikeln. Nicht aufgenommen wurden Veröffentlichungen, die vor 1945 entstanden.

Der Wegweiser wendet sich vornehmlich an Lehrlinge, SchülerInnen höherer Klassen, StudentInnen und historisch Interessierte, die sich relativ schnell orientieren und über den Stand der Forschung informieren wollen. Ich hielt es für sinnvoll, jedem Titel eine Erläuterung beizufügen, die den Inhalt klarer macht. Diese Bemerkungen bedeuten keine Rezensionen, obwohl mitunter auch Kritik miteinfließt. Sie sind subjektiv, pointiert und sollen helfen, inhaltliche Orientierung zu geben.

Die vorhandene Literatur wurde thematisch in 15 Kapiteln geordnet. Jeder Beitrag ist einmal vollständig aufgeführt und mit einer Nummer gekennzeichnet. Die mit ⇒ gekennzeichnete Literatur weist auf Publikationen mit gleichem oder ähnlichem Inhalt, die Rubrik „Weitere Hinweise" am Schluß jedes Kapitels auf themenangrenzende Literatur in anderen Kapiteln hin.

Die überwiegende Mehrheit des hier aufgelisteten Materials ist zu finden in der wissenschaftlichen Stadtbibliothek der Stadt Bonn im Bonner Stadtarchiv. Diese sollte die erste Anlaufstelle für Interessierte sein. Darüber hinaus sind als weitere Fundorte die Universitätsbibliothek, die Bibliothek des Vereins An der Synagoge und die Stadtbibliothek zu nennen.

Eine Überarbeitung dieser Bibliographie, in der Neuerscheinungen berücksichtigt sein werden, ist für die nächsten Jahre projektiert.

Horst-Pierre Bothien

1. Überblicksdarstellungen, Kalendarien etc.

Will man sich intensiver mit der Geschichte Bonns während der NS-Zeit beschäftigen, so bietet es sich an, mit Überblicksdarstellungen zu beginnen, die auch erste Einblicke in vorhandene Quellen und Literatur geben. Zu empfehlen ist in dieser Hinsicht besonders der Aufsatz von Helmut Vogt, Bonn in Kriegs- und Krisenzeiten (1.9.). Wer sich zunächst lediglich einen Überblick über das Themenfeld „Verfolgung und Widerstand" verschaffen möchte, sollte mit der Publikation „Bonn und die NS-Zeit in Dokumenten" (1.5.) beginnen.

Alltagsszene, Münsterplatz 1938

Wo befand sich die Bonner Gestapo?

1.1. Antifaschistischer Stadtführer.

Bonn zur Zeit des Nationalsozialismus, hrsg. v. Arbeitskreis „Bonn zur Zeit des Nationalsozialismus" im Bildungswerk für Friedensarbeit, 3. überarb. Aufl., Bonn 1988.

In dem Stadtplan sind neben den Lagern von Kriegsgefangenen und ZwangsarbeiterInnen 31 Stätten gekennzeichnet, die i. Z. mit dem Thema „Verfolgung und Widerstand" von Bedeutung waren (auf der Rückseite stehen jeweils kurze Erklärungen). Genannt werden z. B. der Kreuzbergweg 5 (Gestapo Bonn) und das Kloster „Zur Ewigen Anbetung" (Internierungslager für Juden). Ebenfalls eingezeichnet sind Straßen, die nach Bonner Opfern und Widerständlern benannt wurden, etwa die Renois-, Hausdorff- oder Körnerstraße. Der Plan eignet sich besonders für eine historische Stadtrundfahrt zum Thema NS-Zeit.
⇒ *15.14.*

1.2. Bachem, Carl Jakob,

Beueler Chronik. Zeittafel zur Geschichte des rechtsrheinischen Bonn, Bonn 1989 (Studien zur Heimatgeschichte des Stadtbezirks Bonn-Beuel Heft 26).

Beginnt mit dem Devon (395 Mio. v. Chr.) und endet am 21. Mai 1989. Für die NS-Zeit (S. 124-128): Zusammenstellung wichtiger und origineller Daten zur Geschichte des heutigen Stadtbezirks Beuel.

1.3. Bonn zur Zeit des Nationalsozialismus.

Kalender 1983, hrsg. v. Bildungswerk für Friedensarbeit, Bonn 1982.

Eine originelle Idee hatte im Jahre 1982 das Bildungswerk für Friedensarbeit: Es gab für das Jahr 1983 – zum 50. Jahrestag der „Machtergreifung" – einen Wandkalender heraus. 12 Blätter informieren mit Fotos und einer Chronik über wichtige Geschehnisse im nationalsozialistischen Bonn. Weniger informativ als vielmehr eine gute Idee.

1.4. Bonn 2000.

Der Kalender zum Jubiläumsjahr, hrsg. v. Bonner Heimat- und Geschichtsverein, m.e. historischen Überblick von Manfred van Rey, Bonn 1988.

Im kalendarischen Teil werden immer wieder Daten aus der NS-Zeit hervorgehoben, in der Überblicksdarstellung beschäftigt sich der Autor van Rey mit der Bonner NS-Geschichte und gibt eine geraffte Zusammenfassung der zentralen Ereignisse (S. 70-88).

1.5. Bonn und die NS-Zeit in Dokumenten 1.

Verfolgung und Widerstand, hrsg v. Verein An der Synagoge, mit Texten v. Horst-Pierre Bothien, Klaus Rosendahl, Irmgard Schmitz und Peter Sonnet, Bonn 1990.

Für Lehrer und Schüler gedachte Dokumentensammlung (Faksimiles) mit einordnenden Texten. Anhand der 39 Dokumente und Texte werden verschiedene Aspekte der NS-Zeit bzw. verschiedene Verfolgtengruppen

Postkarte aus dem Jahre 1934

beleuchtet. Themen sind: Ende der Weimarer Republik, „Machtergreifung", Alltag, Widerstand, Kath. und Ev. Kirche, Glaubensgemeinschaften, Universität, Jugend, Judenverfolgung, politische Verfolgung, Sinti, Homosexuelle, Eugenik, „Asoziale", Kriegsgesetze, „FremdarbeiterInnen", „Gewitteraktion" 1944 und Zweiter Weltkrieg. In den jeweiligen Texten finden sich auch Hinweise auf Literatur und Videointerviews.

1.6. Bothien, Horst-Pierre,

Bonn in der NS-Zeit – Verfolgung und Widerstand. Begleitpublikation zur Ausstellung i. A. der Stadt Bonn hrsg. v. Wolfgang Meighörner-Schardt, Köln 1989.

Dieses Heft entstand als Begleitpublikation zur Ausstellung „Verfolgung und Widerstand" im Rahmen der 2000-Jahr-Feier der Stadt Bonn. Forschungsstand 1988! Wenn auch einzelne Kapitel überarbeitet oder ergänzt werden müßten, gibt das Heft Einsteigern einen guten Überblick über die NS-Zeit aus dem Blickwinkel von Verfolgung und Widerstand.

1.7. Chronik der Stadt Bonn,

bearbeitet von Karl Gutzmer in Zusammenarbeit mit der Chronik-Redaktion, Dortmund 1988.

NS-Zeit auf den Seiten 175 bis 189. Viele Daten, Fakten und Bilder; Kurzartikel in Zeitungsmanier.

1.8. Ennen, Edith; Dietrich Höroldt,

Vom Römerkastell zur Bundeshauptstadt. Kleine Geschichte der Stadt Bonn, hrsg. v. d. Stadt Bonn, 1.-4. Aufl., Bonn 1966-1985.

Die verschiedenen Auflagen der „Kleinen Geschichte" beinhalten jeweils auch ein Kapitel über das „Dritte Reich" und zählen somit zu den ersten Versuchen, einen Überblick über die Bonner NS-Geschichte zu geben. Es zeigte sich, daß tiefergehende Vorarbeiten weitgehend fehlten. Durch eigene Recherchen entstand trotzdem ein faktenreicher Abriß, der nachfolgenden NS-Lokalforschern viele Anregungen zu weiteren Untersuchungen gab. Unübersehbar sind aber die Lücken beim Thema „Widerstand und Verfolgung 1933-1945", was mit der damaligen historiographischen Interessenlage der Bonner Lokalforschung zusammenhängt: Während das Thema in Köln schon 1974 durch eine Ausstellung aufgegriffen wurde, zeigte sich in Bonn ein deutliches Interesse erst im Zusammenhang mit den Aktivitäten zum 50. Jahrestag der „Machtergreifung" ein Jahrzehnt später.

1.9. Vogt, Helmut,

Bonn in Kriegs- und Krisenzeiten (1914-1948), in: Geschichte der Stadt Bonn in vier Bänden, hrsg. v. Dietrich Höroldt und Manfred van Rey, Bd. 4: Bonn: Von einer französischen Bezirksstadt zur Bundeshauptstadt 1794-1989, hrsg. v. Dietrich Höroldt, Bonn 1989, S. 437-638.

Derzeitig die beste Gesamtdarstellung der Geschichte Bonns während der Weimarer Republik und der NS-Zeit. Wer sich intensiver mit der Lokalgeschichte dieser Zeit beschäftigen möchte, sollte mit der Lektüre dieser Studie beginnen.

Josef Messinger, 1933 ermordet

Fundierter Überblick

Oberkassel

1.10. Weffer, Ralf und Dirk,
Alltag und Widerstand im Siebengebirgsraum in den Jahren 1933 bis 1938, Ms., Bonn 1981.

Die Arbeit, die für den Wettbewerb um den Preis des Bundespräsidenten entstand, wird nur deshalb hier genannt, weil sie den Bonner Stadtteil Oberkassel miteinbezieht. Für diesen Stadtteil gibt sie immer wieder Hinweise und Informationen über verfolgte Oberkasseler oder Ereignisse in Oberkassel – eher eine Fundgrube für eine noch zu schreibende Geschichte von Oberkassel in der NS-Zeit.

1.11. Weffer, Ralf und Dirk,
Widerstand, Judenverfolgung und Kriegsgeschehen in Beuel von der Reichskristallnacht bis zum Kriegsende, Ms., Bonn 1983.

Die Arbeit, die 1983 im Rahmen des Wettbewerbs um den Preis des Bundespräsidenten entstand, versucht die Zeit von 1938 bis 1945 für den heutigen Stadtbezirk Beuel nachzuzeichnen. Neben einer Zeittafel werden folgende Großthemen angesprochen: „Der Pogrom vom 10. November 1938", „Die Bevölkerung unter dem Hakenkreuz", „Der Zweite Weltkrieg", „Das Ende des Krieges" und „Die Endlösung der Judenfrage". Die Autoren geben viele wichtige Hinweise, können sich dabei großteils auf Aktenmaterial des Rhein-Sieg-Archives stützen. Besonders wertvoll auch der Anhang: Eine Liste der verfolgten Beueler BürgerInnen, vor allem aber auch der vielen ermordeten Beueler Juden und Jüdinnen. Die Liste nennt biographische Daten und stichwortartig den Verfolgungsgrund.

Weitere Hinweise:

- **ORTSCHRONIKEN** und **STADTTEILGESCHICHTEN.** Auch in vielen Ortschroniken und Stadtteilgeschichten wird in Überblicken auf die NS-Zeit – allerdings in sehr unterschiedlicher Qualität – eingegangen. In die vorliegende Bibliographie wurden sie nicht aufgenommen.

2. Zur Vorgeschichte und „Machtergreifung"

Mit der „Vorgeschichte des Nationalsozialismus" ist nur die Vorgeschichte der „braunen Bewegung" in Bonn im engeren Sinne gemeint. Mit dem Begriff „Machtergreifung" soll der Prozeß der Etablierung des Nationalsozialismus vom Januar 1933 bis Mitte 1934 umschrieben sein.

„Wahl" des Oberbürgermeisters Rickert am 30. Juni 1933.

2. Zur Vorgeschichte/ „Machtergreifung"

Wer wählte Hitler?

2.1. Haag, Victor,
Politische Wahlen in Bonn 1919-1933, Bonn 1989 (Veröffentlichungen des Stadtarchivs Bonn Bd. 44).

Die Untersuchung beschreibt die Wählerwanderungen zwischen den Parteien in Bonn zwischen 1920 und 1933 und gibt Hinweise auf die soziale Struktur der Wählerschaft der jeweiligen Parteien (u. a. NSDAP). Sehr ins Detail gehende statistische Studie, im Anhang viel Material zur Sozialstruktur und zum Wählerverhalten. In der Zusammenfassung (S. 147) Hypothesen zur Frage: Wer wählte Hitler in Bonn?

2.2. von Maydell, Joachim,
Die NSDAP in Bonn bis zur Errichtung des „Dritten Reiches", Staatsexamensarbeit, Bonn 1977.

Als Hauptquelle wird der „Westdeutsche Beobachter", das offizielle NSDAP-Presseorgan für Bonn, herangezogen. Neben Einblicken in die Methoden und die Arbeitsweisen der NS-Propaganda am Ende der Weimarer Republik bringt die Studie viele Hinweise zur Entstehungsgeschichte der „braunen Bewegung" in Bonn.

31. Januar 1933

2.3. Die nationalsozialistische „Machtergreifung" in Bonn 1932/33.
Eine Dokumentation aus Bonner Zeitungen, ausgewählt v. Willi-Ferdinand Becker, Franz Josef Stauf, Dorothee van Rey und Manfred van Rey, hrsg. v. d. Stadt Bonn, Stadtarchiv, Bonn 1983.

Ausgewählte Zeitungsberichte zur Geschichte Bonns zwischen Oktober 1932 und Juli 1933. Die Sammlung macht den Wert der Geschichtsquelle „Zeitung" deutlich. Artikel wurden entnommen aus dem „General-Anzeiger", der zentrumsorientierten „Deutschen Reichs-Zeitung", dem nationalsozialistischen „Westdeutschen Beobachter", der sozialdemokratischen „Rheinischen Zeitung" sowie der kommunistischen „Sozialistischen Republik".

2.4. Sonnet, Peter,
Die „Machtergreifung" in Bonn 1933, in: Bonn. 54 Kapitel Stadtgeschichte, hrsg. v. Josef Matzerath, Bonn 1989, S. 281-289.

Am 30. Januar 1933 wurde Hitler zum Reichskanzler ernannt. In seinem Aufsatz schildert der Autor, wie daraufhin bis Mai 1933 die „Machtergreifung" in Bonn ablief und wie die wichtigsten politischen Ämter von Nationalsozialisten besetzt wurden.

2.5. Stang, Erhard,

Beueler NSDAP

Aus den Anfangsjahren der Beueler NSDAP. „ ... scheinbar auf dem Aussterbeetat", in: „Die Beueler Seite ist nun einmal die Sonnenseite ...". Ein historisches Lesebuch, hrsg v. der Bonner Geschichtswerkstatt, Bonn 1996, S. 75-80.

Der Autor faßt die spärlichen Hinweise in den Akten und in der Literatur zur Frühgeschichte der Beueler NSDAP in einem kurzen Aufsatz zusammen. Die Seiten 78 und 79 geben einen Überblick über die Reichstags- und Landtagswahlergebnisse im Bezirk Beuel von 1929 bis 1932.

2.6. Vogt, Helmut,

Hintergrund und Ablauf der „Gleichschaltung" regionaler Wirtschaftsverbände. Zwei Beispiele aus Bonn, in: Geschichte im Westen 1995, Heft 2, S. 135-146.

Vogt belegt mit diesem Aufsatz, daß man wirtschaftsgeschichtliche Themen gerade auch auf lokaler Ebene interessant darstellen kann. An zwei Beispielen, dem Verband Bonner Einzelhändler und der Industrie- und Handelskammer Bonn, zeigt er Wesensmerkmale nationalsozialistischer Politik um 1933 auf. Der Propaganda und den Versprechungen von vor 1933 folgte nach der „Machtergreifung" eine völlig neue Durchorganisierung der Verbände, wobei die Personalpolitik eine große Rolle spielte. Nach vollzogener „Gleichschaltung" kam für viele die Enttäuschung: In bezug z. B. auf die Einzelhändler wurde immer deutlicher, „daß die warenhausfeindliche (NS-)Propaganda lediglich dazu gedient hatte, der Partei unter den wirtschaftlich bedrängten Einzelhändlern neue Anhänger und Wähler zuzuführen."

2.7. Zander, Josef,

Godesberger Kommunalpolitik in schwerer Zeit 1915-1933, Bad Godesberg 1949, Nachdruck 1991.

Der langjährige Bürgermeister von Godesberg, Josef Zander, der 1933 von den Nationalsozialisten aus dem Amt gedrängt wurde, zieht ein Resümee der Leistungen der Verwaltung unter seiner Leitung. Den Rechenschaftsbericht schrieb er 1933/34 nieder, um sich gegen die Verunglimpfungen der neuen Machthaber zu wehren. Bei der Veröffentlichung des Berichts 1949 fügte Zander noch ein Kapitel über den „Godesberger Fahnenstreit" hinzu: Mutig hatte er sich dagegen gewehrt, daß Nationalsozialisten im März-Wahlkampf des Jahres 1933 auf der Godesburg immer wieder die Hakenkreuzfahne hißten. Als er von übergeordneter Stelle keine Unterstützung erfuhr, ließ er sich nach den Wahlen beurlauben und wurde später in den Ruhestand versetzt.

Josef Zander

Weitere Hinweise

– Booß, NS-Studentenbund (9.4.)

3. NSDAP, NS-Gesellschaft und NS-Alltag

Im Gegensatz zu Kapitel 4 (NS-Verfolgungsapparat) liegt der Schwerpunkt im folgenden Kapitel 3 auf Aspekten des öffentlichen Lebens: Hierbei geht es um die Fragen, wie die NS-Gesellschaft funktionierte und wie NS-Funktionäre und NS-Organisationen den Alltag der Menschen beherrschten.

NSDAP-Parteispitze und politische Prominenz halten vor der Universität eine Parade ab, NSDAP-Kreisparteitag Juni 1939.

3.1. Böger, Helmut; Gerhard Krüger,

Berühmte und berüchtigte Bonner. 40 Portraits, Wuppertal 1991.

U. a. kurze biographische Skizzen über den Oberbürgermeister von Bonn (1933-1945) Ludwig Rickert (S. 139-142) und den Bürgermeister von Bad Godesberg (1933-1945) Heinrich Alef (S. 48-51), z. T. ungenau recherchiert.

3.2. Bothien, Horst-Pierre,

Ortsgruppenleiter von Beuel

Otto Klamp – Erster Beigeordneter und stellvertretender Bürgermeister. „ ... der typische nazistische Ortsgruppenleiter ...", in: „Die Beueler Seite ist nun einmal die Sonnenseite ...". Ein historisches Lesebuch, hrsg v. d. Bonner Geschichtswerkstatt, Bonn 1996, S. 89-95.

Eine biographische Skizze über den NSDAP-Ortsgruppenleiter von Beuel (1932-1945), der als „kleines Rädchen" der NS-Funktionärsriege seinen begrenzten Machtbereich beherrschte.

3.3. Bouresh, Bettina,

Die Neuordnung des Rheinischen Landesmuseums Bonn 1930 – 1939. Zur nationalsozialistischen Kulturpolitik der Rheinprovinz, Köln 1996 (Kunst und Altertum am Rhein Bd. 141).

Die Umgestaltung des berühmten Provinzialmuseums vollzog sich in den 30er Jahren weniger nach wissenschaftlichen, als vielmehr nach ideologischen, politischen und karrieristischen Gesichtspunkten. „Das Beispiel der Bonner Neuordnung im Dritten Reich zeigt in aller Deutlichkeit, wie das Geschichtsbild den ideologischen Erfordernissen angepaßt, wie längst gesicherte Forschungserkenntnisse über den Haufen geworfen, wie Museumsbesucher gelenkt wurden." Vor allem ging es darum, „ein rheinisches Terrain deutscher Vor- und Frühgeschichte abzustecken, in dem den Germanen die zentrale Rolle zufällt." Wie dieses im einzelnen vonstatten ging, mit welchen Intentionen die Verantwortlichen handelten, illustriert die Autorin in ihrer erfrischend kompakten Dissertation. Ein ausführlicher statistischer und dokumentarischer Anhang mit Fotos und Plänen rundet die Arbeit, in der Strukturmerkmale theoretischer und praktischer NS-Kulturpolitik deutlich werden, ab.

„Ehestandsmöbel am laufenden Band", Thema eines Karnevalswagen 1935

3.4. Eichborn, Ulrike,

Ehestandsdarlehen. Dem Mann den Arbeitsplatz, der Frau Heim, Herd und Kinder, in: Frauenleben im NS-Alltag, hrsg. v. Annette Kuhn, Pfaffenweiler 1994 (Bonner Studien zur Frauengeschichte Bd. 2), S. 48-64.

Die Autorin beschäftigt sich mit den NS-Ehestandsdarlehen: Zweck der Vergabe war eine Verminderung von Frauenarbeitsplätzen zugunsten von Männerarbeitsplätzen und die Förderung der nationalsozialistischen bzw. der „erbgesunden" Familie. Die arbeits-, sozial- und bevölkerungspolitischen Ziele wurden nur partiell erreicht, wobei es regionale Unterschiede gab: Die Autorin kommt zu dem Schluß, daß durch „die hohe Zahl der Ehestandsdarlehen ... Bonn in gewissem Sinn als Modellfall für die NS-Ehepolitik gelten" kann.

Lorenz Hoffstätter

3.5. Henrichs, Annegret,

Lorenz Hoffstätter, Ordensfabrikant. „Einer der ersten Gefolgsmänner Adolf Hitlers am Rhein", in: „Die Beueler Seite ist nun einmal die Sonnenseite ...". Ein historisches Lesebuch, hrsg v. d. Bonner Geschichtswerkstatt, Bonn 1996, S. 82-88.

Eine biographische Skizze über den NSDAP-Kreisleiter für den Siegkreis. Hoffstätter war vor der „Machtergreifung" einer der führenden Köpfe der „braunen Bewegung" im rechtsrheinischen Gebiet und stieg nach der „Machtergreifung" zum NSDAP-Reichstagsabgeordneten auf. Hoffstätter war gleichzeitig Ordensfabrikant in Beuel, weshalb die Autorin auch firmengeschichtliche Aspekte anspricht.

3.6. Justiz und NS-Verbrechen.

Sammlung deutscher Strafurteile wegen nationalsozialistischer Tötungsverbrechen 1945-1966, Redaktion Fritz Bauer und Karl-Dietrich Bracher, Amsterdam 1968 f., Bd. VIII und Bd. XII (Lfd. Nrn. 272 und 391a, b, Urteil gegen drei Bonner Frauen wegen Denunziation).

Hintergrund der Urteile ist das Schicksal der Jüdin Eva Merkelbach aus der Mozartstraße. Sie hatte an drei Frauen Zimmer in ihrem Haus vermietet. Ihrem Sohn war es mit Hilfe eines Gestapo-Beamten gelungen, sie aus den Verfolgungslisten zu streichen. So konnte sie bis zum Juni 1944 unbehelligt in ihrer Wohnung bleiben. Das erst freundschaftliche Verhältnis mit den Mieterinnen verdüsterte sich später durch Mietstreitigkeiten, in deren Verlauf die drei Frauen die Jüdin bei der Gestapo denunzierten. Frau Merkelbach wurde verhaftet und im September 1944 nach Theresienstadt deportiert. Sie blieb verschollen.
⇒ *3.8.*

3.7. Moravec, Cordula,

„Wir dürfen also mit Vertrauen in die Zukunft schauen." Der Vaterländische Frauenverein Bonn-Stadt 1933-1938, in: Frauenleben im NS-Alltag, hrsg. v. Annette Kuhn, Pfaffenweiler 1994 (Bonner Studien zur Frauengeschichte Bd. 2), S. 182-194.

Neben NS-Frauenschaft und Deutschem Frauenwerk spielte der Vaterländische Frauenverein lange Zeit eine selbständige Rolle, die zwischen „Anpassung und eigenen Idealen" lag. Die Hauptaufgabe des Vereins lag in der Ausbildung von Sanitäterinnen für Notfälle und Katastrophen, d. h. für den Krieg. Zwar ebenfalls gleichgeschaltet und von Partei und NS-Frauenorganisationen immer wieder zur politischen und ideologischen Schulung aufgefordert, scheinen sich im Vaterländischen Frauenverein zumindest bis 1938 „politische Freiräume" erhalten zu haben.
⇒ *3.9.*

3.8. Welter, Elmar; Benjamin Eckstein,

Denunziationen

Denunziationen: ein Element der NS-Frauenöffentlichkeit, in: Frauenleben im NS-Alltag, hrsg. v. Annette Kuhn, Pfaffenweiler 1994 (Bonner Studien zur Frauengeschichte Bd. 2), S. 132-145.

Die Autoren schildern mehrere Fälle von Denunziation, in denen Frauen eine aktive Rolle spielten. Ungenau ist der Beitrag dort, wo allgemeine Aussagen getroffen werden. In Zweifel zu ziehen ist z. B. die Zahl von „640 Bonner Denunziationen", wovon „490 gegen Männer und 153 gegen Frauen" gerichtet gewesen seien. Die Ungenauigkeiten rühren daher, daß sich die Autoren den – freilich äußerst umfangreichen – Aktenbestand des Sondergerichts Köln im Hauptstaatsarchiv Düsseldorf nur ansatzweise haben erarbeiten können. Als erster Einstieg in das Thema gibt der Aufsatz allerdings viele wertvolle Anregungen.
⇒ 3.6.

3.9. Windeln, Olaf,

„Die NS-Frauenschaft ist das scharf geschliffene Instrument der Partei zur Eroberung der Familie". Die NS-Frauenorganisationen, in: Frauenleben im NS-Alltag, hrsg. v. Annette Kuhn, Pfaffenweiler 1994 (Bonner Studien zur Frauengeschichte Bd. 2), S. 157-169.

Der Autor gibt einen Überblick über die Entstehung, den organisatorischen Aufbau und die Aktivitäten des Deutschen Frauenwerks und der NS-Frauenschaft in Bonn. Er kommt zu dem Schluß: „Eine Aufgabe der NS-Frauenorganisationen war es, die traditionell helfende Rolle der Frau zum bedingungslosen Einsatz für den Staat und die ‚gesunde' Volksgemeinschaft umzufunktionieren."
⇒ 3.7.

„Blinder sitzend",
Leo Breuer, 1935

3.10. Wolf, Irmgard,

Bildende Kunst und Künstler in Bonn von 1900 bis 1950, in: Bonner Geschichtsblätter Bd. 32 (1980), S. 125-144.

Zwar recht kurz, aber doch informativ gibt die Autorin Hinweise auf die „Bonner Kunst im Dritten Reich" und nennt agierende und verfolgte Künstler (z. B. Stucke, Müller, Breuer). Die Nationalsozialisten nahmen Einfluß, hohe NSDAP-Funktionäre waren – etwa bei Ausstellungseröffnungen – präsent. Dies veranlaßte den Kunsthistoriker Lützeler einmal zu dem Bonmot: „So leise Bilder und so laute Stiefel", womit er die Lage mancher Künstler treffend charakterisierte.
⇒ 15.3.; 15.9.

Weitere Hinweise

- *Booß, NS-Studentenbund (9.4.)*
- *Haag, Politische Wahlen 1919-1933 (2.1.)*
- *Hitlerjugend s. Kap. 7 (Jugend/ Schule)*
- *Leuwer, Briefe aus dem Arbeitsdienst (14.12.)*
- *von Maydell, NSDAP bis 1933 (2.2.)*
- *Stang, Anfangsjahre der Beueler NSDAP (2.5.)*
- *Zahlreiche historische Bildbände geben mit interessanten Fotos Einblicke in das Bonn früherer Jahrzehnte, z. B. Höroldt (Ehemals, gestern, heute), Lützeler (Bonn so wie es war), Schenkelberg/ Stang/ Tiesel (Ein Stadtbild im Wandel) und Großjohann/ Lambertz/ Latz (Fotografische Erinnerungen aus dem alten Beuel).*
- *Auch die zahlreichen Jubiläums- und Festschriften, Schul-, Firmen-, Vereins- und Verbandsgeschichten (etc.) können wichtige Hinweise auf den NS-Alltag geben. Interessanter sind sie allerdings oft aus historiographischer Sicht; sie werfen die Frage auf, wie man in der Nachkriegszeit bis heute mit seiner eigenen Vergangenheit umgegangen ist.*
- *Ein Großteil der Literatur, die im Kap. 8 (Frauen/ Frau und Mann) genannt wird, enthält alltagsgeschichtliche Aspekte.*

4. NS-Verfolgungsapparat und Justiz

Im Unterschied zu Kapitel 3 steht in diesem Kapitel die NS-Verfolgungsmaschinerie im Mittelpunkt. Die in der Überschrift angedeutete Differenzierung zwischen „NS-Verfolgungsapparat" und „Justiz" soll darauf hinweisen, daß zumindest in den ersten Jahren der Diktatur noch eine gewisse Rechtskultur bestand. Es gab mutige Richter und Rechtsanwälte, und auch die politischen Gefangenen wurden von Einrichtungen der Justiz meist besser behandelt, als von SA, SS, Gestapo oder im KZ. Im Laufe der Zeit verschmolzen allerdings der NS-Verfolgungsapparat und die Justiz immer weitgehender miteinander.

Otto Renois, Bonner KPD-Stadtverordneter, am 4. April 1933 „auf der Flucht" erschossen.

4. NS-Verfolgungsapparat/ Justiz

4.1. Bothien, Horst-Pierre,

NS-Verfolgungsstätten und die Gestapo in Bonn, in: Bonn. 54 Kapitel Stadtgeschichte, hrsg. v. Josef Matzerath, Bonn 1989, S. 291-299.

Der Aufsatz gibt einen Überblick über die Bonner Stätten der Verfolgung und gewährt Einblicke in den Verfolgungsapparat, insbesondere in die Arbeit der Gestapo Bonn, die ab 1938 im Kreuzbergweg 5 ansässig war.

Gestapo und SS

4.2. Geschichte des Oscar-Romero-Hauses in Bonn.

Kantongefängnis – Frauengefängnis – SS-Dienststelle/ Folterkeller. Heute Treffpunkt von Initiativ- und Basisgruppen, Texte: R. Binner, U. Bremm, T. Gerhards, C. Rother, R. Schmitz-Teske und N. Volpert, Bonn 1989.

Das Haus war seit Mitte 1933 das Quartier der Bonner SS. Im Keller existierten Gefängniszellen, in denen politische Gegner gefoltert wurden, u. a. der Kommunist Josef Messinger, der an den Folgen seiner Mißhandlungen starb. Besichtigungen der Zellen im Keller des Hauses sind nach Anmeldung möglich.

4.3. Justiz und NS-Verbrechen.

Gestapo-Beamte Josef Hoegen

Sammlung deutscher Strafurteile wegen nationalsozialistischer Tötungsverbrechen 1945-1966, Redaktion Fritz Bauer und Karl-Dietrich Bracher, Amsterdam 1968 f., Bd. V (Lfd. Nr. 189, Urteil gegen den früheren Gestapo-Beamten Josef Hoegen u. a.).

Der Kölner Gestapo-Beamte Hoegen wurde 1935 mit den Ermittlungen gegen eine Bonner KPD-Widerstandsgruppe beauftragt. Im Laufe seiner Ermittlungen – so wies das Landgericht Köln 1949 nach – kam es zu zahlreichen Folterungen und Aussageerpressungen. Hoegen wurde zu 9 Jahren Zuchthaus verurteilt. In der Urteilsbegründung kommen auch betroffene Zeugen aus Bonn zu Wort.

4.4. Kasack, Wolfgang,

Schicksal und Gestaltung. Leben und Werk Wladimir Lindenbergs, München, Basel 1987.

Die Lebensbeschreibung beinhaltet auch eine größere Passage über Lindenbergs Bonner Zeit (1921-1938, S. 74-114). Der Arzt und Schriftsteller Lindenberg studierte in Bonn Medizin. 1931 wurde er Assistenzarzt am neugegründeten Institut für klinische Psychologie, dessen Leiter Prof. Poppelreuter war – ein Spezialist für Hirnverletzungen und überzeugter Nationalsozialist. Lindenberg lehnte das neue Regime ab, zog sich aus der Öffentlichkeit zurück und konzentrierte sich auf seine Arbeit bzw. sein privates künstlerisches Schaffen. Im Herbst 1936 verhaftete ihn die Gestapo. Im Zusammenhang mit der Diskreditierung unerwünschter Jugendgruppen wurden ihm „unzüchtige Handlungen" vorgeworfen, weshalb er 1937 vom Landgericht Bonn zu vier Jahren Gefängnis verurteilt wurde. Er kam ins KZ Neusustrum, später in den Kölner Klingelpütz. Zur Darstellung von Lindenbergs Verfolgung wurden fast ausschließlich Selbstzeugnisse herangezogen – auch deshalb bleiben Ursachen und Hintergründe seiner Verfolgung im Unklaren.

4.5. Klein, Adolf,

Die rheinische Justiz und der rechtsstaatliche Gedanke in Deutschland. – Zur Geschichte des Oberlandesgerichts Köln und der Gerichtsbarkeit in seinem Bezirk, in: Recht und Rechtspflege in den Rheinlanden. Festschrift zum 150jährigen Bestehen des Oberlandesgerichts Köln 1819-1969, hrsg. v. Josef Wolffram und Adolf Klein, Köln 1969, S. 113-264.

In den Kapiteln über die NS-Zeit (S. 213-245) berichtet der Autor über die besonderen Ereignisse und Prozesse im OLG-Bezirk Köln. Dabei geht er auch auf die Arbeit des Landgerichts Bonn ein und hebt mutige Juristen und politische Prozesse hervor.
⇒ *4.9.; 4.11.*

4.6. Laum, Dieter; Rüdiger Pamp,

Das Oberlandesgericht Köln und sein Bezirk im Nationalsozialismus, in: Rheinische Justiz. Geschichte und Gegenwart. 175 Jahre Oberlandesgericht Köln, hrsg. v. Dieter Laum, Adolf Klein und Dieter Strauch, Köln 1994, S. 625-679.

Sondergerichte

Ein guter Überblick über die Geschichte des OLG-Bezirks Köln, zu dem auch Bonn gehört; mit vielen Hinweisen auf Quellen und Literatur. Auf zwei Aspekte wird besonders eingegangen: Zum einen beschreiben die Autoren detailliert die Verdrängung der jüdischen Richter und Rechtsanwälte aus der Rechtssprechung. Auch auf die weitere „Personalpolitik" für die Gerichte wird – mit Nennung von Namen – hingewiesen. Zum anderen steht die Geschichte der Kölner Sondergerichte im Blickpunkt, vor denen sich auch zahlreiche Bonner Bürger wegen politischer Delikte (z. B. wegen „staatsfeindlicher Äußerungen" oder „Abhörens feindlicher Sender") verantworten mußten. Kapitel über die Vorsitzenden dieser Sondergerichte, die Landesgerichtsdirektoren Greeven, von Vacano, Loevenich, Eich, Funk, Sudholz und Murhard, zeigen auf, wie unterschiedlich im einzelnen geurteilt wurde.

4.7. Das nationalsozialistische Lagersystem (CCP),

KZs und Gefangenenlager

hrsg. v. Martin Weinmann, mit Beiträgen v. Anne Kaiser und Ursula Krause-Schmitt, Frankfurt 1990. Neuausgabe v. Catalogue of Camps and Prisons in Germany and in German-Occupied Territories Sep. 1st, 1939 – May 8th, 1945, prepared by Int. Tracing Service. Record Branch Documents Intelligence Section, Arolsen 1951.

Eine Auflistung von 6000 KZs, KZ-Außenlagern, ZwangsarbeiterInnenlagern und ähnlichen Haftstätten. Die Liste basiert auf Recherchen der Alliierten, wobei auch NS-Unterlagen herangezogen wurden. Auch Haftstätten im Bonner Raum sind unter Angabe von Adresse und Größe erwähnt.

4.8. Das Schicksal der im Landgerichtsbezirk Bonn zugelassenen jüdischen Rechtsanwälte

während der Zeit des Nationalsozialismus, hrsg. v. Bonner Anwalt-Verein e.V., Bonn 1992.

Siegmund Mayer

Das Heft ist insbesondere deshalb interessant, weil sich die Autoren ausführlich mit dem Schicksal der 8 jüdischen Rechtsanwälte befassen, die 1932/33 in Bonn und Bad Godesberg niedergelassen waren: Max Baum, Dr. Hans Cahn, Dr. Max Cohn, Dr. Ernst Herrmanns, Siegmund Mayer, Dr. Alfred Meier, Dr. Josef Weiss und Dr. Hans Wollstein. Cohn starb 1936, Herrmanns, Mayer und Wollstein fielen dem Holocaust zum Opfer, die anderen 4 überlebten in der Emigration.

4.9. Schorn, Hubert,

Der Richter im Dritten Reich. Geschichte und Dokumente, Frankfurt 1959.

„Aber der Großteil der deutschen Richter bestand den Kampf und nahm Sorgen, Gefahren und Leid auf sich; sie blieben Diener des Rechts und der Gerechtigkeit und jenen unvergänglichen, absoluten und konstanten Normen verhaftet, die im göttlichen und natürlichen Recht ihre Grundlagen haben" (S. 729). Gerade der erste Teil der Studie des ehemaligen Bonner Landgerichtspräsidenten (1945-57) Schorn – „Allgemeine Abhandlungen" – liest sich wie eine grobe Rechtfertigungsschrift für die Richterschaft. Spätestens seit Ingo Müllers „Furchtbare Juristen" und Ralph Angermunds „Richterschaft 1918-1945" wird Schorns Auffassung im Kern widersprochen. Die Studie würde also nicht genannt, wenn nicht im Dokumententeil zahlreiche Hinweise auf politische Prozesse mit der Beteiligung mutiger Juristen in Bonn zu finden wären.
⇒ 4.5.; 4.11.

4.10. Strafvollzug in Bonn im Wandel der Zeiten.

125 Jahre JVA Bonn, zusammengestellt v. Klaus Rick, hrsg. v. Leiter der Justizvollzugsanstalt (JVA) Bonn, Bonn 1989.

Bonner Gerichtsgefängnis

Das 1996 abgerissene Gebäude der Justizvollzugsanstalt (JVA) Bonn hatte während der NS-Zeit für Verfolgte eine zentrale Bedeutung. Es diente als Schutzhaft-, U-Haft- und Strafhaft-Gefängnis. Die Gestapo brachte hierhin diejenigen Gefangenen, die sie in den Kellerräumen des Kreuzbergwegs nicht unterbringen konnte oder wollte. Über die Lebensbedingungen in der JVA während der NS-Zeit ist wenig bekannt; ein Prozeß gegen Wachleute des Gefängnisses stellte Mißstände insbesondere gegen Ende des Krieges (⇒ 15.5.) fest. Die vorliegende Dokumentation enthält einige interessante Dokumente aus der NS-Zeit.

4.11. Walterscheid, Joseph,

Volkshausprozeß

Der Volkshausprozeß, in: Heimatblätter des Siegkreises Heft 2 (1966), S. 33-44.

In der Nacht vom 14. auf den 15. Februar 1933 kam es in Siegburg vor dem Volkshaus der SPD zu einer Schießerei zwischen einer SS-Truppe und Sozialdemokraten, die sich im Volkshaus befanden. Ein SS-Mann wurde dabei getötet. In den folgenden zwei Jahren wurde der Fall wohl einmalig für die Bonner Rechtsgeschichte abgewickelt: Das Landgericht beraumte insgesamt 4 Verhandlungen in Sachen „Volkshaus" an, die einerseits einen Einblick in die politische Gespanntheit des Jahres 1933 geben, zum anderen aber auch zeigen, daß es Juristen gab, die sich trotz politischen Drucks mutig für das Recht einsetzten. Eine erste Verhandlung gegen die beschuldigten Sozialdemokraten wurde am 1. Juli 1933 auf unbestimmte Zeit vertagt, da der vorsitzende Richter von Hameln sich nicht frei in seiner Entscheidung fühlte. Im September 1933 verurteilte ein zweites Verfahren sechs Sozialdemokraten wegen Totschlages zu 8- bis 12jährigen Zuchthausstrafen. Der Verteidiger Dr. Grüne gab jedoch nicht auf und beschaffte neue, entlastende Beweise. Sie führten dazu, daß 1935 9 SS-Leute wegen Eidesverletzung zu Freiheitsstrafen verurteilt und die betroffenen Sozialdemokraten freigesprochen wurden.

Weitere Hinweise

– zur NS-Verfolgung bestimmter Personenkreise s. nachfolgende Kap.

– zur NS-Verfolgung einzelner Personen s. auch Kap. 3.

– **Homosexuelle**: Auch in Bonn wurden Homosexuelle verfolgt. Mehrere Prozesse gegen Homosexuelle beweisen dies. Der „Westdeutsche Beobachter" vom 22. 8. 1936 berichtet z. B. unter der Überschrift „Eine Wunde wird ausgebrannt" über einen dieser Prozesse. Der Artikel und ein einordnender Text finden sich in ⇒ 1.5..

– **„Asoziale" und Kriminelle**: In einem Staat, in dem nur derjenige etwas galt, der im nationalsozialistischen Sinne „funktionierte", konnte man schnell als „asoziales Element" diffamiert werden. Aber es gab auch Menschen, die sozial entgleist waren und besonderer Fürsorge bedurften. Waren diese, aus der Sicht der Nationalsozialisten „Asoziale", einmal erfaßt, drohte drakonische Verfolgung, etwa die KZ-Haft, die nicht selten mit dem Tod endete. Auch straffällig gewordene Menschen wurden aus heutiger Sicht über ein erträgliches Maß hinaus für ihre Taten bestraft. Erste Hinweise auf das Thema „Verfolgung von ‚Asozialen' in Bonn" in ⇒ 1.5..

5. Widerstand, mutiges Widerstehen und einzelne politische Verfolgte

Im Mittelpunkt dieses Kapitels stehen Menschen, die gegen das NS-Regime in Gruppen und durch Flugblätter aktiv Widerstand leisteten. Auch wird hier von Menschen berichtet, die andere Mittel fanden, um der Diktatur zu widerstehen. Daß mitunter schon spontane Unmutsäußerungen gravierende Sanktionen nach sich ziehen konnten, zeigen die Beispiele von einzelnen politisch Verfolgten.

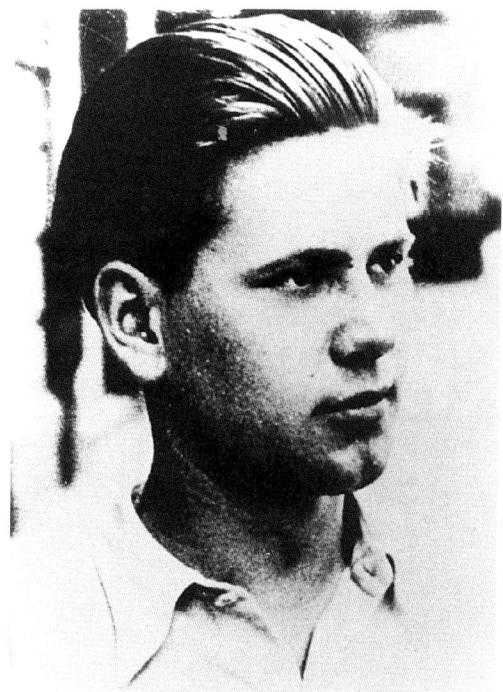

Walter Markov, 1935. Wegen „Vorbereitung zum Hochverrat" wurde er 1936 vom Volksgerichtshof zu zwölf Jahren Zuchthaus verurteilt.

5. Widerstand/ Mutiges Widerstehen

Illegales Flugblatt der SPD

5.1. Bludau, Kuno,
Widerstand und Verfolgung in Duisburg 1933-1945, Duisburg 1983 (Duisburger Forschungen Bd. 16).

Auf den Seiten 26 ff. wird die Geschichte der Widerstandsgruppe um die Brotfabrik „Germania" in Duisburg beschrieben. Wichtige Mitglieder dieser Gruppe waren die Sozialdemokraten Hermann Runge und Sebastian Dani. Dani hatte schon in den 20er Jahren in Bonn gelebt und kehrte 1940 nach Verbüßung seiner fünfjährigen Haftstrafe wieder hierher zurück. Nach dem Krieg war Dani lange Zeit Bonner Stadtdirektor. In Anerkennung seines sozialpolitischen Engagements „verlieh" man ihm den Ehrentitel „Vater der Armen".

5.2. Bothien, Horst-Pierre,
Der „Fall" Geuer: „Angeklagt, ... ausländische Sender abgehört zu haben", in: „... tranken dünnen Kaffee und aßen Platz dazu". Leben in der Bonner Nordstadt 1850-1990, hrsg. v. d. Bonner Geschichtswerkstatt, Bonn 1991, S. 111-116.

Der eher unpolitische Heinrich Geuer wurde 1941 denunziert, ausländische Sender gehört zu haben. Die Gestapo begann daraufhin ihre Verfolgungsarbeit gegen ihn und seine Frau. Das Sondergericht in Köln verurteilte Heinrich Geuer schließlich zu fünf Jahren Zuchthaus. Er kam in der Haft um.

5.3. Buchstab, Günter; Brigitte Kaff; Hans-Otto Kleinmann,
Verfolgung und Widerstand 1933-1945. Christliche Demokraten gegen Hitler, Düsseldorf 1986.

In dieser Dokumentation finden sich auch Hinweise auf Widerständler aus Bonn, die dem Zentrum und den christlichen Gewerkschaften angehört hatten. Über Heinrich Körner (⇒ 5.5.), Paul Franken, Michael Rott (⇒ 15.13.) und Bernhard Deutz gab es auch Verbindungen zu Jakob Kaiser und dem Kölner Ketteler-Haus (Verbandszentrale der Westdeutschen Katholischen Arbeiterbewegung). Dessen führende Persönlichkeiten, Bernhard Letterhaus, Nikolaus Groß und Präses Otto Müller, fielen der NS-Verfolgung zum Opfer.

5.4. Durth, K. Rüdiger; Michael Eckert,
20. Juli 1944. Direkter Widerstand war in Bonn unmöglich, in: Bonner Rundschau v. 20.7.1973.

Die Autoren versuchen – über die Geschehnisse des 20. Julis hinaus –, einen Überblick über den Widerstand in Bonn zu geben. Sie kommen zu dem Schluß: „Der nationalsozialistische Widerstand konzentrierte sich in Bonn vor allem auf die Gewerkschaftsbewegung, die katholische Kirche, die evangelisch-theologische Fakultät, Kreise der Sozialdemokratie und zahlreiche Professoren der verschiedensten Fakultäten." Kein Wort über Bonner Kommunisten, deren Widerstand zuerst zu nennen wäre, kein Wort über den Bonner Studenten Walter Markov, der 1935 wegen „Vorbereitung zum Hochverrat" für über 10 Jahre im Zuchthaus verschwand. Auch wenn man einen Zeitungsartikel nicht überbewerten sollte, so scheint er Spiegel dessen zu sein, was die etablierte Lokalforschung seiner Zeit über den Widerstand wußte – oder wissen wollte. So gesehen ist der Artikel besonders aus historiographischer Sicht von Bedeutung.

Heinrich Körner

5.5. Heinrich Körner,

in: Das Gewissen steht auf. Lebensbilder aus dem deutschen Widerstand 1933-1945, gesammelt und hrsg. v. Annedore Leber, neu hrsg. v. Karl-Dietrich Bracher, Mainz 1984, S. 273/ 274.

Eine kurze Lebensbeschreibung des christlichen Gewerkschafters Heinrich Körner, der durch Jakob Kaiser zum weiteren Umfeld des 20. Juli-Widerstands zu rechnen ist. Noch im April 1945 wurde Körner wegen Mitwisserschaft vom Volksgerichtshof zu 4 Jahren Zuchthaus verurteilt. Kurz nach seiner Befreiung aus dem Zuchthaus Plötzensee traf ihn im immer noch umkämpften Berlin eine tödliche Kugel.
⇒ *5.3.*

5.6. Hix, Iris-Maria,

Vergessener Frauenwiderstand, in: Frauenleben im NS-Alltag, hrsg. v. Annette Kuhn, Pfaffenweiler 1994 (Bonner Studien zur Frauengeschichte Bd. 2), S. 146-154.

Die Autorin erinnert daran, daß in Bonn Frauen lebten, die sich mutig dem „Dritten Reich" entgegenstellten. Als Beispiele werden mehrere Kommunistinnen und Zeuginnen Jehovas genannt. Nach Ansicht der Autorin entwickelten die genannten Bonnerinnen „frauenspezifische Widerstandsformen". Mit Gerda Szepansky kommt sie zu dem Schluß: „Ausschlaggebend waren menschliche Beziehungen. Der größte Teil der Frauen leistete einfach humanitären Widerstand." Neben einer oft konstruiert wirkenden Einbettung des mutigen Widerstehens Bonner Frauen in eine Theorie des Frauenwiderstands scheinen die Interviews, auf welche sich die Autorin stützt, wenig kritisch hinterfragt worden zu sein.

Schlagzeile im Westdeutschen Beobachter vom 17. 11. 1938:

„**Das ist Verrat am Volke. Frau Kahle und ihr Sohn halfen der Jüdin Goldstein bei Aufräumungsarbeiten.**"

5.7. Kahle, Marie,

What Would You Have Done? The Story of the Escape of the Kahle Family from Nazi-Germany, London 1945.

Marie Kahle, die Frau eines Universitätsprofessors, erzählt die Geschichte ihrer Flucht aus Deutschland. Sie und ihre Söhne hatten einer Jüdin geholfen, ihr in der „Reichskristallnacht" zerstörtes Geschäft aufzuräumen. Sie wurden denunziert, und es begann gegen die Familie eine außergewöhnliche Hetzkampagne. Als Ausweg blieb nur die Flucht.
⇒ *5.9.*

5.8. Markov, Walter,

Zwiesprache mit dem Jahrhundert. Dokumentiert von Thomas Grimm, Berlin 1989.

Der bekannte DDR-Historiker Markov kam 1933 an die Bonner Universität und promovierte hier. Nach und nach baute er einen Widerstandskreis auf und gab die illegale Zeitschrift „Sozialistische Republik" heraus. 1936 vom Volksgerichtshof zu 12 Jahren Zuchthaus verurteilt, verschwand Markov bis 1945 im Siegburger Zuchthaus.
⇒ *5.11.; 5.12.; 5.15.; 9.4.; 15.10.*

Marie Kahle

5.9. Multhaupt, Hermann,
Jeder Grashalm hat einen Engel. Roman nach einem Zeitdokument, München 1986.

Der Roman erzählt die Verfolgungsgeschichte der Familie Kahle, wobei er sich eng an den authentischen Erlebnisbericht von Marie Kahle anlehnt.
⇒ *5.7.*

5.10. Notz, Gisela,
„Wie eine Fliege im Spinnennetz". Klara-Marie Faßbinder 1890-1974, in: Frauenleben im NS-Alltag, hrsg. v. Annette Kuhn, Pfaffenweiler 1994 (Bonner Studien zur Frauengeschichte Bd. 2), S. 29-38.

Die Autorin berichtet über die Lebensgeschichte der Pädagogin Faßbinder, die in Bonn studierte, promovierte und nach dem Krieg eine Professur an der pädagogischen Akademie innehatte. Als selbstbewußte Frau, engagierte Pazifistin und Katholikin, als Antifaschistin und unbequeme Demokratin bezog sie immer wieder gesellschaftspolitisch Stellung. In der NS-Zeit entging sie nur knapp der Verhaftung.

5.11. Rosendahl, Klaus,
Die „Markov-Gruppe" 1933-1935. Möglichkeiten studentischer Opposition gegen den Nationalsozialismus, Staatsexamensarbeit, Bonn 1986.

Eine der ersten Arbeiten über den Widerstand der Markov-Gruppe. Abgedruckt sind auch die bekannten Ausgaben der „Sozialistischen Republik" – Markovs illegaler Flugschrift.
⇒ *5.8.; 5.12.; 5.15.; 9.4.; 15.10.*

5.12. Rosendahl, Klaus,
Studentischer Widerstand an der Universität, in: Bonn. 54 Kapitel Stadtgeschichte, hrsg. v. Josef Matzerath, Bonn 1989, S. 317-322.

Knappe Zusammenfassung der Geschichte der Markov-Gruppe.
⇒ *5.8.; 5.11.; 5.15.; 9.4.; 15.10.*

5.13. Schwalb, Karl Josef,

Friesdorf

Widerstand und Verfolgung in Friesdorf 1933-1945, in: Godesberger Heimatblätter Bd. 22 (1984), S. 91-115.

Im Rahmen des Schülerwettbewerbs um den Preis des Bundespräsidenten 1983 recherchierten der Lehrer Schwalb und Schüler der Annaberg-Hauptschule in Friesdorf über die NS-Zeit. Man sammelte Privatdokumente und befragte Zeitzeugen. Heraus kam ein Bericht über die Verfolgung von Friesdorfer Bürgern. Ausführlicher berichtet wird u. a. über die katholischen Jugendverbände, den katholischen Pfarrer Wilhelm Dünner, den Lehrer Josef Roth, den Professor Hans Rosenberg und die kommunistischen Widerständler Matthias Kraus, Ferdi Latz und Franz Pick.

5.14. Tod eines Pianisten.
Karlrobert Kreiten und der Fall Werner Höfer, hrsg. v. Friedrich Lambart, Berlin 1988 (Stätten der Geschichte Berlins Bd. 28).

1943 wurde der bekannte Pianist Kreiten wegen „defaitistischer Äußerungen" in Plötzensee hingerichtet. Der Journalist Höfer hieß das Urteil in einem Zeitungskommentar gut. Kreiten wurde 1916 in Bonn geboren, die Familie zog aber schon bald nach Düsseldorf. Eine Straße in Poppelsdorf ist nach ihm benannt.

5.15. „Wenn jemand seinen Kopf bewußt hinhielt . . .".
Beiträge zu Werk und Wirken von Walter Markov, hrsg. v. Manfred Neuhaus und Helmut Seidel, Leipzig 1995.

Kompetente Autoren würdigen das Leben und das Werk des DDR-Historikers Markov, der 1934/35 der Kopf einer Widerstandsgruppe in Bonn war.
⇒ *5.8.; 5.11.; 5.12.; 9.4.; 15.10.*

Walter Markov, 1974

Weitere Hinweise

– *Zu Widerstand und Verfolgung evangelischer und katholischer Geistlicher s. Kap. 6. (Kirchen)*

– *Zu Widerstand und Verfolgung evangelischer Theologieprofessoren (1933-1935) s. Kap. 9. (Universität)*

– *Hilfe für verfolgte Juden* ⇒ *7.1.; 10.15.; 10.24.; 10.25.; 10.33.*

– *Zur Jugendopposition s. Kap. 7.*

6. Kirchen und Glaubensgemeinschaften

6. a. Evangelische Kirche

Das Thema „Evangelische Kirche in Bonn im ‚Dritten Reich'" ist bislang äußerst gründlich erforscht worden. Es ist nicht möglich, die vielen Aufsätze und Studien zum Thema hier zu nennen. Die gute Forschungslage ist sicherlich mit dem großen Engagement der Bonner und Rheinischen Evangelischen Kirche zum einen in der Gedenkstättenarbeit, zum anderen in der Förderung der Aufarbeitung ihrer eigenen NS-Vergangenheit zu erklären. Vorläufiger Schlußpunkt dieser Aufarbeitung ist die Veröffentlichung der Dissertation von Annette Hinz-Wessels (6.6.).

Kreuzkirche am Kaiserplatz, im Vordergrund ein antijüdisches Transparent, 1935

6. Kirchen/ Glaubensgemeinschaften

6.1. Ammermüller, Eva,
Zur Geschichte der Evangelischen Kirchengemeinden in Bad Godesberg (1911-1961), in: Godesberger Heimatblätter Bd. 11 (1973), S. 72-97.

Auf den S. 80 bis 85 beschäftigt sich die Autorin mit der Geschichte und den Strömungen der Kirchengemeinde in Bad Godesberg während der NS-Zeit. Anders als in Bonn trat „schon im Januar 1934 die Evangelische Gemeinde Godesberg einstimmig dem Reformierten Bund bei und bekannte sich am 5. Juni 1934 zur Bekenntnissynode..." (Bekennenden Kirche).
⇒ 6.2.; 6.5.

Heinrich Kolfhaus

6.2. Bitter, Stephan,
Heinrich Kolfhaus im Kirchenkampf. Notizen anläßlich seines 40. Todestages, in: Godesberger Heimatblätter Bd. 34 (1996), S. 87-96.

„Wenn man heute in Bad Godesberg in Hochachtung an Kolfhaus denkt, dann insbesondere wegen seiner mutigen Haltung in der Hitlerzeit", resümiert der Autor. In seinen „vorläufigen Hinweisen" auf vorliegende Quellen zeigt er auf, was das hieß: Engagement für die „Bekennende Kirche", der sich die Gemeinde am 5. Juni 1934 anschloß, und immer wieder Aufbegehren gegen das „Neuheidentum" und die Staatswillkür.
⇒ 6.1.; 6.5.

6.3. Eichner, Wolfgang,
Die Pfarrer der Evangelischen Gemeinde Bonn (1819-1972), in: Bonner Geschichtsblätter Bd. 43/44 (1993/94; 1996), S. 251-293.

In mehrseitigen Lebensskizzen stellt der Autor die Pfarrer der Evangelischen Gemeinde Bonn vor. In der NS-Zeit waren dies Fritz Haun (von 1921 bis 1946), Friedrich Frick (von 1925 bis 1950), Helmut Gützlaff (von 1927 bis 1957), Friedrich Mummenhoff (von 1930 bis 1961) und Herbert Hillert (von 1932 bis 1963).
⇒ 6.4.; 6.5.; 6.6.

6.4. (Einhundertfünfundsiebzig) 175 Jahre Evangelische Gemeinde Bonn.
Eine Dokumentation, bearbeitet v. Wolfgang Eichner, Helmut Heyer und Dietrich Höroldt, hrsg. v. Evangelischen Kirchenkreis Bonn, Bonn 1991.

Immer wieder erscheinen Dokumentationen, die alte Zeitungsartikel oder andere Zeitdokumente weitgehend ohne Kommentar abdrucken. Sie ermöglichen oft einen direkten und authentischen Zugang zur Geschichte. In der vorliegenden Dokumentation werden 48 solcher Quellen (Nr. 121-167) zur Geschichte der evangelischen Gemeinde Bonn zwischen 1930 und 1950 vorgestellt – interessante Zeitdokumente, die zum Weiterforschen animieren.
⇒ 6.3.; 6.5.; 6.6.

6.5. Genentz, Wolfgang,

Dokumentation zur Geschichte der evangelischen Kirchengemeinden im heutigen Bonn im Dritten Reich (1933-1945), maschinenschriftl., Bonn 1989.

Umfassende Dokumentation

Die 400seitige Dokumentation beinhaltet „Zeitdokumente zu den Geschehnissen in den evangelischen Gemeinden des heutigen Stadtgebietes von Bonn (Bonn, Beuel, Bad Godesberg und Oberkassel) in den Jahren des Dritten Reiches ...". In den vier Themenkomplexen „Die Kirchenwahlen vom Juli 1933", „Die Bekennende Kirche", „Die Glaubensbewegung der Deutschen Christen" und „Zur Evangelischen Jugendarbeit" werden Dokumente verschiedenster Art nach der jeweiligen Kirchengemeinde und in chronologischer Folge geordnet zitiert, exzerpiert oder zusammengefaßt. Nachfolgenden Lokalhistorikern wurde mit dieser Dokumentensammlung viel Arbeit abgenommen.

6.6. Hinz-Wessels, Annette,

Die Evangelische Kirchengemeinde Bonn in der Zeit des Nationalsozialismus (1933-1945), Bonn 1996 (Veröffentlichungen des Stadtarchivs Bonn Bd. 57).

Die Studie gibt einen umfassenden Einblick in die Geschichte der evangelischen Kirchengemeinde Bonn, zu der auch die Ämter Duisdorf und Oedekoven zählten. Die Autorin stellt fundiert die innerkirchliche Auseinandersetzung und das Verhältnis der Kirchengemeinden zum neuen Staat in folgenden Großkapiteln dar: „Einführung in die Bonner Kirchengemeinde" (hier auch Kurzbiographien der 5 Bonner Pfarrer), „Die Bonner Kirchengemeinden und ihre Einstellung zur ‚Machtergreifung'", „Die Kirchenwahlen von 1932 und 1933", „Die Bekennende Kirche", „Die Deutschen Christen", „Die sog. Neutralen", „Die Bonner Kirchengemeinden im Spannungsfeld der kirchenpolitischen Kräfte", „Die Bonner Kirchengemeinden im nationalsozialistischen Staat", „Die Bonner Kirchengemeinden und die nationalsozialistische Politik" (hier auch die Stellung zur „Judenfrage" und zur nationalsozialistischen Außenpolitik) und „Die Bonner Kirchengemeinde im Zweiten Weltkrieg". Wer sich schnell über die wichtigsten Ergebnisse der Studie informieren will, sollte das Kapitel „Zusammenfassung" lesen, in dem auch Hinweise auf die Situation in den Kirchengemeinden Bad Godesberg, Oberkassel und Beuel gegeben werden.
⇒ 6.3.; 6.4.; 6.5.

6.7. Kirchenkampf im Rheinland.

Bekennende Kirche

Die Entstehung der Bekennenden Kirche und die Theologische Erklärung von Barmen 1934, hrsg. v. Günther van Norden, Köln 1984 (Schriftenreihe des Vereins für Rheinische Kirchengeschichte Bd. 76).

Ein Charakteristikum der Geschichte der Evangelischen Kirche im „Dritten Reich" ist die schon früh einsetzende innerkirchliche Auseinandersetzung zwischen „Deutschen Christen" und „Bekennender Kirche". Wie dieser Kirchenkampf im Rheinland verlief, wie 1934 die „Bekennende Kirche" entstand und was die „Barmer Theologische Erklärung" zum Inhalt hatte und bewirkte, zeigen die vier Studien von Günther van Norden („Der Kirchenkampf im Rheinland 1933 und 1934"), Hermann Dembowski („Barmen – heute. Anstöße zum Verständnis und zur Aufnahme der Theologischen Erklärung von Barmen 1934"), Paul Gerhard Schoenborn („Die Barmer Theol. Erklärung: Eine hilfreiche Erinnerung – eine gefährliche Erinnerung?") und Klaus Goebel („NS-Ideologie oder christlicher Glaube? Konflikte und Kontroversen im Rheinland, dargestellt an vier Beispielen zwischen 1933 und 1941").

6.8. Vechtel, Anne,

Der Deutsch-Evangelische Frauenbund. Im Zwiespalt zwischen Protestantismus, Nationalsozialismus und Frauenbewegung, in: Frauenleben im NS-Alltag, hrsg. v. Annette Kuhn, Pfaffenweiler 1994 (Bonner Studien zur Frauengeschichte Bd. 2), S. 204-214.

Das Beispiel des DEF macht deutlich, wie nach 1933 eine sozialpolitische Interessenvertretung evangelischer Frauen rasch in die Bedeutungslosigkeit absank, weil sie weder kirchenintern klar Position bezog noch sich den Vereinnahmungsstrategien der NS-Frauenpolitik widersetzen konnte. „Aus der Ortsgruppe Bonn des DEF, einem unabhängigen, karitativ regen und auf konservativem sozialpolitischem Gebiet aktiven Frauenbund, war in der zweiten Hälfte der 30er Jahre der zur evangelischen Kirche zählende Ortsverband Bonn des DEF geworden. ... Trotz seiner ideologischen Nähe zu wesentlichen Themen nationalsozialistischer Weltanschauung ..., trocknete die Arbeit und damit das Verbandsleben aus."

Weitere Hinweise

- Literatur zur Evangelisch-Theologischen Fakultät der Universität Bonn und Prof. Karl Barth s. Kap. 9. (Universität)

6. b. Katholische Kirche

Fast 80 Prozent der Bonner Bevölkerung gehörten vor dem Krieg der katholischen Konfession an. Der katholische Glaube war in der Bevölkerung tief verwurzelt und übte – auch auf die Jugend – großen Einfluß aus. Trotz verschiedenster Anpassungsstrategien blieb die katholische Kirche den Nationalsozialisten stets suspekt; der katholische Einfluß wurde zunehmend bekämpft. Bonner Geistliche suchten ihre individuellen „Überlebensstrategien" und gerieten nicht selten in Konflikt mit dem neuen Staat.

Eine Aufarbeitung der Geschichte der katholischen Kirche in Bonn während des „Dritten Reiches" steht noch aus. Zwar existieren Studien über einzelne Geistliche; auch liegen Vorarbeiten im Bereich „katholische Jugend" (s. Kap. 7.) vor. Eine Gesamtdarstellung, die insbesondere auch die Gemeindeebene miteinbezieht, fehlt jedoch bislang.

Bonner Münster, 1945.

6.9. Falkenberg, Guido,

Collegium Albertinum

Das Collegium Albertinum im Spannungsfeld zweier Weltkriege und der nationalsozialistischen Gewaltherrschaft 1912-1945, in: Im Spannungsfeld zwischen Staat und Kirche. 100 Jahre Priesterausbildung im Collegium Albertinum, Siegburg 1992, S. 205-261.

„Das Albertinum selbst hat auch in den Jahren 1933-1939 keine direkten Zwangsmaßnahmen durch den Nationalsozialistischen Staat erfahren", resümiert der Autor. Die Untersuchung von Falkenberg ist dennoch interessant, beschreibt sie doch die direkten und indirekten Versuche nationalsozialistischer Einrichtungen, den Lehrbetrieb zu beeinflussen, und zeigt auf, wie Kollegiumsleitung und Erzbistum auf diese Angriffe reagierten. Besonders in Teil III b wird deutlich, wie durch staatliche Einschränkung und die Eingliederung der katholisch-theologischen Fachschaft in die „Deutsche Studentenschaft" kontinuierlich und beharrlich versucht wurde, das Theologiestudium unter nationalsozialistische Kontrolle zu bekommen. Im Wintersemester 1939/40 mußte das Priesterseminar dann bis 1945 schließen: Es wurde als Lazarett, später als Truppenunterkunft benutzt.

6.10. Neu, Heinrich,

Johannes Hinsenkamp. Eine biographische Skizze, in: Bonner Geschichtsblätter Bd. 3 (1947), S. 7-21.

Sehr persönlich gehaltene Würdigung des Johannes Hinsenkamp, der von 1920 bis 1945 Oberpfarrer und später Dechant am Bonner Münster war und Verfolgten half.

Prof. Wilhelm Neuss

6.11. Neuss, Wilhelm,

Kampf gegen den Mythus des 20. Jahrhunderts, Köln 1947 (Dokumente zur Zeitgeschichte IV).

„Erst indem ich an diese Arbeit ging, merkte ich ganz, wie gewissenlos Rosenberg gearbeitet hatte. Jede, aber auch ausnahmslos jede kirchengeschichtliche oder mit der Kirchengeschichte zusammenhängende Angabe erwies sich als falsch ... . Es war mir nicht immer leicht, den aufsteigenden Unwillen in ruhig sachlicher Kritik im Zaume zu halten." Der Bonner Theologieprofessor Neuss war einer der Mitarbeiter am sog. „Antimythos", einer katholischen Gegenschrift zu Alfred Rosenbergs „Der Mythus des 20. Jahrhunderts". Dieses „Machwerk" wurde neben Hitlers „Mein Kampf" eine Art zweite „Bibel" des Nationalsozialismus. Stark antichristlich ausgerichtet, wurde hier die arische Rasse glorifiziert. Neuss erzählt in seinem spannenden Bericht, wie und unter welchen Gefahren der „Antimythos" zustande kam, und berichtet über weitere Aktivitäten der „Abwehrstelle gegen die nationalsozialistische antichristliche Propaganda" des Erzbistums Köln.

Die Kapläne Brauns und Jansen, Prof. Neuss und Dechant Hinsenkamp, um 1944

6.12. Priester unter Hitlers Terror.

Eine biographische und statistische Erhebung, bearbeitet v. Ulrich von Hehl, Mainz 1984 (Veröffentlichungen der Kommission für Zeitgeschichte, Reihe A: Quellen Bd. 37).

Eine nahezu vollständige Auflistung aller verfolgten katholischen Geistlichen mit stichwortartiger Beschreibung der Verfolgung. Angaben oft etwas ungenau. Im Zusammenhang mit Bonn werden über 30 Geistliche genannt.

6.13. Schmitz-Reinhard, Johann Ignaz,

Pfarrer Maximilian Zingsheim – Der gute Hirte von Beuel. Ein Beitrag zur Beueler Ortsgeschichte von 1923-1949, Beuel 1982 (Heimatverein Beuel am Rhein, Kleine Schriften Heft 7).

Mit der Beschreibung der Lebens- und Wirkensgeschichte des langjährigen Pfarrers von St. Joseph entsteht Lokalgeschichte aus einer bestimmten Perspektive. Eingebunden in das gesellschaftliche Leben des Ortes, stieß Zingsheim immer wieder an politische Grenzen. Wie sollte ein in der Verantwortung stehender Gemeindepfarrer reagieren? Der Autor kommt zu dem Schluß: „So hat Maximilian Zingsheim in jenen Jahren des Umbruchs oft hart mit sich ringen müssen. Er mußte schweigen zu der Propaganda und zu den Aktionen des neuen Regimes, wissend, daß sie in die Irre, in das Chaos führen mußten." Nicht nachzuvollziehen ist, warum in dem faktenreichen Aufsatz Quellenangaben völlig fehlen.

6.14. Vechtel, Anne,

Der Katholische Deutsche Frauenbund. Katholische Frauenbewegung in Abgrenzung zu nationalsozialistischer Frauenpolitik, in: Frauenleben im NS-Alltag, hrsg. v. Annette Kuhn, Pfaffenweiler 1994 (Bonner Studien zur Frauengeschichte Bd. 2), S. 195-203.

Die Autorin skizziert den Weg des Bonner Zweigvereins des Katholischen Deutschen Frauenbundes (KDF) von einer unabhängigen, sozialpolitisch aktiven Interessenvertretung und Frauen-Bildungsorganisation zu einem abhängigen religiös-kulturellen und seelsorgerischen Kirchenverband. Die religiöse Mütterschulung wurde zu einem Schwerpunkt. „Mütter sollten befähigt werden, ihre Kinder im Privaten religiös zu unterweisen und dadurch die fehlende religiöse Ausbildung der Kinder in öffentlichen Schulen aufzufangen helfen." Die Autorin kommt zu dem Schluß: „Die Frauen des KDF leisteten im Rahmen ihrer christlichen Vorstellungen ... einen speziellen Beitrag in der Auseinandersetzung eines Teils der Katholiken Bonns mit den NS-Machthabern."

Weitere Hinweise

- *Katholische Jugend, s. Kap. 7. (Jugend/ Schule)*
- *Katholisch-Theologische Fakultät der Universität Bonn* ⇒ *9.5.*

6. c. Glaubensgemeinschaften

Auch im Bonner Raum gab es aktive Glaubensgemeinschaften, die im „Dritten Reich" verfolgt wurden. Zu nennen sind in diesem Zusammenhang vor allem die Zeugen Jehovas und die 7-Tage-Adventisten. Über das Leben, Wirken und die Verfolgung dieser Glaubensgemeinschaften ist noch keine geschlossene Darstellung erschienen. In einigen Publikationen sind allerdings Hinweise auf die Verfolgung von Zeugen Jehovas zu finden (⇒ 1.5.; 1.6.; 5.6.).

Alfred Herber, ein verfolgter Zeuge Jehovas.

7. Jugend und Schule

In der Gesellschaftspolitik des „Dritten Reiches" spielte die Jugendpolitik eine enorm wichtige Rolle. Innerhalb weniger Jahre gelang es, eine umfassende staatliche Jugendorganisation (HJ) aufzubauen, womit die Jugend einerseits kontrolliert, andererseits auf den Krieg vorbereitet werden konnte. Nur wenigen Jugendlichen gelang der Ausbruch aus diesem uniformen Umfeld; der Staat reagierte zumeist mit scharfen Strafmaßnahmen.

Jungmädelschaft I/160 (Bonn-Mitte) am Bottlerplatz, 1941.

7.1. Bolten, Marius; Frank Hornig; Ekkehart Reimer,

Insel Josephinum? Zur Geschichte des Collegium Josephinum Bonn während des „Dritten Reichs", in: Collegium Josephinum, Jahrbuch 1987/88, Bonn 1987, S. 171-231. Dazu Ergänzungen im Jahrbuch 1988/89, hier auch ein Beitrag von Marius Stein über Judenverstecke am Kloster.

Die drei Schüler des Gymnasiums sammelten Literatur, Zeitzeugenberichte und Aktenmaterial über die Geschichte ihrer Schule im „Dritten Reich". Heraus kam zum einen eine ausführliche Chronik der Schulgeschichte dieser Zeit, wobei auf die Auflösung der Schule im Winter 1939/40 besonders eingegangen wurde. Zum anderen näherten sich die Schüler der NS-Geschichte unter bestimmten Aspekten – z. B. „Unterricht – Fächerinhalte" oder „schulexterne politische Veranstaltungen". Ein Anhang enthält Dokumente. In seinem kurzen Beitrag berichtet Marius Stein über mutige Menschen, die verfolgten Juden am Ende des Krieges das Leben retteten.

7.2. Bothien, Horst-Pierre,

Die Jovy-Gruppe. Eine historisch-soziologische Lokalstudie über nonkonforme Jugendliche im „Dritten Reich", Münster 1995 (Geschichte der Jugend Bd. 19).

Die Jovy-Gruppe, 1938

Detaillierte Geschichte einer Gruppe von jungen Leuten aus Bonn, die vor ihrem katholisch-bündischen Hintergrund in Konflikt mit dem NS-Staat gerieten. Kontakte mit dem Exilwiderstand in Paris brachten fünf von ihnen – Michael Jovy, Edgar Lohner, Helmut Giesen, Günter Platz und Heinrich Raaf – 1941 vor den Volksgerichtshof. In der Studie, die zur Darstellung auch Zeitzeugeninterviews und Privatfotos der Betroffenen heranzieht, wird ein Einblick in die eigene „Kultur" der Jugendgruppe eröffnet.
⇒ *7.3.; 7.8.*

7.3. Bothien, Horst-Pierre,

Edgar Lohner – Ein Schüler des Beethoven-Gymnasiums gerät in Konflikt mit dem NS-Staat, in: Jahresbericht 1988/89 Beethoven-Gymnasium Bonn, Bonn 1989, S. 146-153.

Kurzgefaßte Biographie eines der Mitglieder der Jovy-Gruppe (⇒ 7.2.). Lohner legte 1939 am Beethoven-Gymnasium sein Abitur ab und wurde 1941 vom Volksgerichtshof zu zweieinhalb Jahren Zuchthaus verurteilt.
⇒ *7.2.; 7.8.*

7. Jugend/Schule

NS-Schulpolitik

7.4. Eilers, Rolf,
Nationalsozialistische Schulpolitik in Bad Godesberg, in: Godesberger Heimatblätter Bd. 4 (1966), S. 19-29.

Im Aufsatz von Eilers geht es um ein Stück nationalsozialistischer Schulpolitik: die Auflösung privater und konfessioneller zugunsten von staatlichen Schulen. Konkret beschreibt der Autor die Vorgänge um die Auflösung der Bad Godesberger Mädchenschulen, des Oberlyzeums St. Antonius und des Evangelischen Lyzeums. Nach Kürzung der staatlichen Zuschüsse, aber ohne daß ein direktes Verbot ausgesprochen worden wäre, begann 1936/37 das Nachdenken über die Neuorganisation der Schulen für Mädchen. Ein Kampf zwischen den Schulträgern, der Stadtverwaltung und der Schulaufsichtsbehörde beim Oberpräsidenten entbrannte. Klare, unanfechtbare Anweisungen fehlten, jeder folgte seinen ureigensten Interessen. „Die Gründung der (staatlichen) Mädchenschule im Jahre 1937 war sicherlich nur eine Angelegenheit von örtlichem Interesse. Aber die nähere Untersuchung der Vorgänge ließ auch etwas von der Binnenstruktur des Dritten Reiches sichtbar werden."

7.5. Friesenhahn, Brigitta,
Die Hitlerjugend im Gebiet Köln-Aachen 1932-1936, Staatsexamensarbeit, Bonn 1980.

Bonn gehörte zum HJ-Gebiet Köln-Aachen. Wer sich allerdings spezielle Informationen über Aufbau, Organisation und Aktivitäten der Bonner HJ erhofft, wird enttäuscht sein. Die Arbeit trifft nur allgemeine Aussagen. Auf Grundlage einer fleißigen Lektüre nationalsozialistischer Zeitungen des Rheinlands werden die Organisation, die Funktion und die Aktivitäten der HJ geordnet dargestellt, wobei immer wieder auf regionale Fakten hingewiesen wird. Wer beabsichtigt, eine Geschichte der Bonner HJ zu schreiben, sollte mit der Lektüre dieser Arbeit beginnen.

7.6. Harling, Sabine,
Hitlerjugend: „War ja auch eine gute Sache für uns", in: „ ... tranken dünnen Kaffee und aßen Platz dazu". Leben in der Bonner Nordstadt 1850-1990, hrsg. v. d. Bonner Geschichtswerkstatt, Bonn 1991, S. 91-96.

Die Autorin zog Aktenmaterial heran und interviewte 5 ZeitzeugInnen über ihre HJ-Erinnerungen. Wichtige Elemente des HJ-Dienstes werden sichtbar, aber vor allem wird deutlich, wie unterschiedlich die HJ im Rückblick erscheint: Mal als politikferne Freizeitveranstaltung, mal als Einrichtung, die jugendlichen Idealismus mißbrauchte, mal als wenig geliebte Drill- und Zwangsgemeinschaft.

Deutsches Jungvolk vor der Münsterschule

„Edelweißpiraten"

7.7. Heinz Broich,
Auch ein deutsches Leben, in: De Schnüss 9 (12/1978).

Der Zeitschriftenartikel berichtet über das Leben des Bonner „Edelweißpiraten" Heinz Broich. Einige Grundaussagen des Artikels sind anzuzweifeln. Der Artikel wird hier auch nur deshalb genannt, weil das Material über die Bonner „Edelweißpiraten" recht spärlich gesät ist.
⇒ 7.2. (S. 254-258)

Michael Jovy, 1946

7.8. Jovy, Michael,

Jugendbewegung und Nationalsozialismus. Zusammenhänge und Gegensätze. Versuch einer Klärung, (Diss. 1952), Münster 1984 (Geschichte der Jugend Bd. 6).

Mit seiner 1952 erschienenen Dissertation nimmt Jovy Stellung zu dem immer wieder heftig diskutierten Thema „Jugendbewegung und Nationalsozialismus". Jovy gehörte zu dem Teil der Jugendbewegung, der sich dem Widerstand zurechnete. Mit Recht: Der bis kurz vor seiner Verhaftung 1939 in Bonn lebende Jovy wurde 1941 vom Volksgerichtshof wegen „Vorbereitung zum Hochverrat" zu sechs Jahren Zuchthaus verurteilt. In seine Dissertation fließen auch diese Widerstands- und Verfolgungserfahrungen mit ein.
⇒ *7.2.; 7.3.*

7.9. Schüller, Christian,

Die Gruppen des Bundes Neudeutschland in Bonn. Bericht eines Zeitzeugen, in: In Bonn katholisch sein. Ursprünge und Wandlungen der Kirche in einer rheinischen Stadt, hrsg. v. Katholischen Bildungswerk Bonn, Bonn 1989, S. 97-108.

Vor dem Hintergrund des „Kampfes um die Jugend" zwischen katholischer Kirche und Reichsjugendführung berichtet der Autor, damals Schüler des Beethoven-Gymnasiums und Mitglied im Neudeutschlandbund (ND), über das Gruppenleben und seine Erlebnisse mit der Hitlerjugend.
⇒ *7.10.*

Katholische Jugend

7.10. Schüller, Christian,

Die Katholische Jugend in Bonn 1920-1945, in: Bonner Geschichtsblätter Bd. 39, Bonn 1989 (1992), S. 401-427.

„Hier soll nun versucht werden, die Entwicklung im katholischen Vereinsleben von 1920 -1945 darzustellen ... . Wenn ich den ‚Bund Neudeutschland' mit seinen drei Gruppen, den ‚Katholischen Jungmännerverband' mit seinen Untergliederungen ... sowie den ‚Kreuzfahrer-Bund' besonders herausstelle, so deshalb, weil ich durch eigenes Erleben glaube in der Lage zu sein, die für diese Zeit typischen Entwicklungen im katholischen Vereinsleben ... darzulegen." Schüller gibt als Zeuge der Zeit viele wertvolle Hinweise auf die Geschichte der genannten Bonner katholischen Jugendverbände, nennt viele Namen und Ereignisse. Allerdings: Der Autor vermischt insbesondere im zweiten Teil des Aufsatzes Erinnerungen an Erlebtes und Informationen aus der Literatur. Und: Archivmaterial wurde nicht herangezogen!
⇒ *7.9.*

7.11. Schulte, Albert,

Geschichtsquelle: Schulchroniken

Friesdorf in den letzten hundert Jahren (aus der Sicht der Schulchronik), in: Godesberger Heimatblätter Bd. 13 (1975), S. 5-51.

Der Autor hatte die originelle Idee, das Zeitgeschehen durch die Brille eines Schulchronisten zu beschreiben. Das alltägliche Schulgeschehen tritt daher in den Vordergrund. So wird die „Machtergreifung" nicht erwähnt, sondern nur, daß zur selben Zeit nach einer Grippeepidemie der Unterricht wieder aufgenommen wurde; und als im Krieg das Heizmaterial knapp wurde: „Die zehn Klassen wurden von 8 Lehrpersonen in sechs Räumen unterrichtet. Auf diese Weise sparte man 20 Zentner Koks." Die wertvollen Alltags-Informationen der zahlreichen Schulchroniken wurden bisher kaum für die Lokalgeschichtsschreibung genutzt – einen Anfang macht der Autor Schulte.

Weitere Hinweise

— *Festschriften, Jubiläumsschriften und Jahrbücher von Bonner Schulen: Es sei darauf hingewiesen, daß zahlreiche Bonner Schulen Festschriften o. ä. veröffentlicht haben, in denen auch auf die Schulgeschichte der NS-Zeit eingegangen wird. Dieses aber oft nur kurz und zu unkritisch. Historische Vorarbeiten oder aber Quellenmaterial fehlen zumeist. Eine Durchforstung solcher Schriften nach gelungenen themenbezogenen Aufsätzen konnte nicht geleistet werden. Als positives Beispiel für Bemühungen um die Aufarbeitung der NS-Schulgeschichte sei Bolten/ Hornig/ Reimer (⇒ 7.1.) genannt. — Eine weitere Sparte bilden schriftliche Erinnerungen an die Bonner Jugendzeit. Sie sind im Themenzusammenhang jedoch eher als Quellenmaterial denn als historische Darstellung zu werten und wurden hier nicht aufgenommen. Als Beispiele für Interessierte sei genannt: Kläre Dahlhausen, Dennoch; Manfred Rauschert, Jugenderinnerungen (1932-1945), Johannes Bücher, Beueler Erinnerungen, oder Ingrid Schampel, Bad Godesberg und ich.*

— *Leuwer, Briefe aus dem Arbeitsdienst (14.12.)*

8. Frauen bzw. Rolle von Frau und Mann in der NS-Gesellschaft

Es ist insbesondere den beiden Wissenschaftlerinnen an der Bonner Universität, Annette Kuhn und Valentine Rothe, zu verdanken, daß sich Bonn zu einer „Hochburg" der NS-Frauengeschichte entwickelt hat. Ihre Seminare initiierten zahlreiche frauengeschichtliche Forschungsarbeiten; die von ihnen betreute Arbeitsgemeinschaft Frauengeschichte realisierte zahlreiche Projekte.

Eine Bonner Hochzeit um 1938.

8. Frauen/ Rolle von Frau und Mann in der NS-Gesellschaft

8.1. Bab, Bettina,

Frauen im Karneval

Wieverfastelovend. „Heute haben die Frauen das Wort.", in: Frauenleben im NS-Alltag, hrsg. v. Annette Kuhn, Pfaffenweiler 1994 (Bonner Studien zur Frauengeschichte Bd. 2), S. 41-47.

Die Autorin wirft einen Blick auf den Bonner Karneval der 30er Jahre und fragt danach, welche Rolle Frauen im Karneval spielten und was für Frauen Karneval bedeutete? Trotz einer „Epoche stärkster Frauendiskriminierung" kam es während der NS-Zeit zu einer „stärkeren weiblichen Präsenz" im Karneval, ein „Kontrast zum offiziellen Frauenbild" konnte sich ausbilden. Die Autorin kommt zu dem Schluß, daß „in Zeiten einer immer restriktiveren Frauenpolitik die Frauen zu Fastnacht aufmüpfiger wurden."

8.2. Bab, Bettina,

Zwischen Arbeitsschutz und Arbeitszwang. Das Frauenamt der Deutschen Arbeitsfront (DAF), in: Frauenleben im NS-Alltag, hrsg. v. Annette Kuhn, Pfaffenweiler 1994 (Bonner Studien zur Frauengeschichte Bd. 2), S. 170-181.

Die Autorin geht den Aktivitäten des Bonner DAF-Frauenamtes nach. Deutlich werden dabei die Ziele nationalsozialistischer Frauenpolitik: „Die deutschen ‚erbgesunden' Frauen mußten in ihrer zweifachen Funktion als Mütter und Arbeitnehmerinnen erzogen und kontrolliert werden."

8.3. Frauenleben im NS-Alltag,

hrsg. v. Annette Kuhn, Pfaffenweiler 1994 (Bonner Studien zur Frauengeschichte Bd. 2).

Aufsätze zu verschiedenen Themen

Die insgesamt 20 Aufsätze des Bandes beschäftigen sich mit der Bonner NS-Geschichte, zumeist aus frauengeschichtlicher Perspektive. Die Aufsatzsammlung ist unterteilt in folgende Abschnitte: Klara-Marie Faßbinder – NS-Frauenalltag in Bonn – Die organisierte Weiblichkeit im NS-Alltag – Der „gesunde Volkskörper" – Zeugnisse überlebender Frauen. Auf den Inhalt der einzelnen Aufsätze wird in diesem und in anderen Kapiteln (s. Weitere Hinweise) eingegangen.
⇒ *8.4.*

8.4. Frauenleben im NS-Alltag (Bonn 1933-1945),

hrsg. v. Seminar für Frauengeschichte, Universität Bonn, und Frauen Museum Bonn, Bonn 1991.

In dieser Publikation spiegelt sich die gleichnamige Ausstellung, die 1991 im Frauen Museum gezeigt wurde. Themen sind: Die NS-„Lösung" der Frauenfrage – Der NS-Versuch der Organisation einer weiblichen Öffentlichkeit – Eugenik – Sinti und Roma – Jüdinnen – Widerstand – Frauen im Krieg. Viele Fotos und Dokumente mit Einleitungstexten.
⇒ *8.3.*

8.5. Müller, Roswitha,

Bonner Frauen im Nationalsozialismus, in: Die Bonnerinnen. Szenarien aus Geschichte und zeitgenössischer Kunst, hrsg. v. Frauen Museum Bonn, Bonn 1988, S. 152-156.

Im Mittelpunkt des Artikels steht die „kleine Frau" und die ihr zugedachte bzw. tatsächliche Rolle in der NS-Gesellschaft. In den Kapiteln „Frauenbild", „NS-Frauenorganisationen", „Frauen und Arbeit", „Frau und Familie" und „Rassenpolitik" werden die Hauptlinien der NS-Frauenpolitik dargestellt, wobei allerdings auf die lokale Situation nur sporadisch eingegangen wird.

8.6. Auf den Spuren der Bonnerinnen.

Frauenlesebuch

Lesebuch zur Bonner Frauengeschichte, hrsg. v. d. Arbeitsgemeinschaft Frauengeschichte, Bonn 1995.

Das Heft bietet einen kurzen und griffigen Überblick über Frauen und markante Ereignisse der Bonner Geschichte aus frauengeschichtlicher Sicht. Im Themenzusammenhang besonders interessant ist Kapitel 7: „Zwischen Macht und Ohnmacht – Frauenalltag im 3. Reich." Kurze Kapitel informieren über die konfessionelle Frauenbewegung, über verfolgte Jüdinnen und Juden, über Frauen im Widerstand, Zwangssterilisationen und Zwangsarbeiterinnen.

Weitere Hinweise

- Altman-Radwanska, „Zwangsbonnerinnen" (13.3.)
- Bab, „Frauen helfen siegen" (14.3.)
- Bothien/ Feldmann, Zwangssterilisationen (11.2.)
- Eichborn, Ehestandsdarlehen (3.4.)
- 100 Jahre Frauenstudium (9.3.)
- Hix, Vergessener Frauenwiderstand (5.6.)
- Hix, Erbpflege, Fortpflanzung, Fürsorgerinnen, Zwangssterilisationen (11.5.-11.8.)
- Moravec, Vaterländischer Frauenverein (3.7.)
- Notz, Faßbinder (5.10.)
- Orth, Psychiatrisierte Zwangsarbeiterinnen (13.5.)
- Rothe, Jüdinnen (10.23.)
- Seebacher, Zwangsarbeiterinnen (13.7.)
- Vechtel, Dt.-Evangelischer Frauenbund (6.8.)
- Vechtel, Katholischer Dt. Frauenbund (6.14.)
- Windeln, NS-Frauenschaft (3.9.)
- Welter/ Eckstein, Denunziationen (3.8.)

9. Universität und verfolgte Professoren

Während der NS-Zeit wurden zahlreiche jüdische Professoren der Bonner Universität verfolgt. Ihre Lebensgeschichten sind zumeist gut erforscht. Die Literatur über diese Professoren findet sich zusammengefaßt in der Biobibliographie „Jüdisches Geistesleben in Bonn" (9.12.). Sehr viele Informationen über Bonner Professoren bietet auch die Publikation „150-Jahre Universität" (9.5.). Die in beiden Büchern verzeichnete Literatur wurde in die folgende Übersicht nicht mit aufgenommen. Einen Überblick (mit Kurzbiographien) über alle während der NS-Zeit vertriebenen Universitätsangehörigen bietet der Aufsatz von Hans-Paul Höpfner (9.10.).

Zerstörte Universität, Dezember 1944.

Prof. Ernst Wolf

9.1. Dembowski, Hermann,
Die Evangelisch-Theologische Fakultät zu Bonn in den Jahren 1930 bis 1935, in: Monatshefte für Evangelische Kirchengeschichte des Rheinlandes 39 (1990), S. 335-361.

Mit den Theologen Fuchs, Schmidt, Lieb, Goeters, Hölscher, Wolf, Weber, Horst und besonders Barth erlebte die Ev.-Theol. Fakultät der Universität Bonn Anfang der 30er Jahre eine Blütezeit. Im gegenseitigen kollegialen Respekt entstand eine Atmosphäre fairer wissenschaftlich-theologischer Auseinandersetzung auf hohem Niveau. Immer wieder wehrten sich die Professoren gegen den aufkommenden Nationalsozialismus und die „Deutschen Christen". In dieser Zeit wurden die späteren Barmer Thesen der „Bekennenden Kirche" theologisch erarbeitet und vertreten. Die „Gleichschaltung" der Fakultät 1933/34 setzte alldem ein Ende: Die genannten Professoren wurden bis 1935 strafversetzt oder entlassen. In kurzen, übersichtlichen Kapiteln erinnert der Autor an die Entstehung, das Leben und das Sterben der Fakultät in dieser enorm produktiven Zeit.
⇒ *9.5.; 9.6.; 9.19.; 9.21.*

9.2. Eichhorn, Eugen,
In memoriam Felix Hausdorff (1868-1942). Ein biographischer Versuch, in: Vorlesungen zum Gedenken an Felix Hausdorff, hrsg. v. Eugen Eichhorn und Ernst-Jochen Thiele, Berlin 1994 (Berliner Studienreihe zur Mathematik Bd. 5), S. 1-88.

Kurze biographische Skizze, in der der Autor den Mathematiker Felix Hausdorff (⇒ 9.7.) durch sein philosophisches Werk „Das Chaos in kosmischer Auslese" (1898) und seinen Gedichtband „Ekstasen" (1900) sprechen läßt.
⇒ *9.5.; 9.7.; 9.12.; 9.17.; 9.22.*

Frauen und Universität

9.3. (Einhundert) 100 Jahre Frauenstudium.
Frauen der Rheinischen Friedrich-Wilhelms-Universität Bonn, hrsg. v. Annette Kuhn, Brigitte Mühlenbruch und Valentine Rothe in Zusammenarbeit mit dem Hauptseminar „100 Jahre Frauenstudium an der Universität Bonn", Bonn 1996.

Das Buch ist eine Dokumentation der gleichnamigen Ausstellung, die 1996 in der Universität gezeigt wurde. Im ersten Teil wird in 7 Kapiteln ein Abriß über den Kampf der Frauen um Gleichberechtigung in der Wissenschaft gegeben, wobei immer wieder auf Bonner Beispiele verwiesen wird. Der zweite Teil stellt Biographien Bonner Studentinnen, Dozentinnen und Professorinnen verschiedener Generationen (Jahrgänge 1848 bis 1911) vor. Ein breites Spektrum von Persönlichkeiten wird sichtbar. Neben den ersten Promovendinnen des Jahres 1903 und bekannten Wissenschaftlerinnen stehen z. B. die Bonner NS-Verfolgten Dora Philippson und Thea Kantorowicz, aber auch die Lagerärztin des KZs Ravensbrück Herta Oberheuser. Die Dokumentation schließt mit Gesprächen und Erinnerungen noch lebender Akademikerinnen über ihre Erfahrungen im Wissenschaftsbetrieb. Neben umfangreicher Wissensvermittlung insgesamt eine Fundgrube zur Universitätsgeschichte.

Universität Bonn in den 30er Jahren

9.4. (Einhundertfünfzig) 150 Jahre Klassenuniversität, reaktionäre Herrschaft und demokratischer Widerstand am Beispiel der Universität Bonn,
hrsg. v. der Studentengewerkschaft Bonn, Bonn 1968.

Mit der Studenten-Rebellion Ende der 60er Jahre wurde auch die NS-Vergangenheit von Professoren und Universität kritischer hinterfragt. Da die Bonner Universität auch anläßlich ihres 150jährigen Bestehens zur eigenen Geschichte im „Dritten Reich" nichts anbot, beschäftigten sich Studenten – sie selbst nannten sich „studentische Dilettanten" – mit diesem Thema. Heraus kam eine engagierte Schrift im schönsten Marxisten-Deutsch. In Teil 2, „Die letzten Demokraten in der braunen Universität", führen Studenten Interviews mit den Widerständlern Walter Markov (⇒ 5.8.) und Hannes Schmidt. Heinz Gatermann (⇒ 15.7.; 15.16.) erinnert sich an seine illegale Zeit in Bonn und Köln. In Teil 7 beschäftigt sich Joachim Kupsch mit der „Gesellschaft von Freunden und Förderern der Universität". In Teil 9 berichtet schließlich Rutger Booß über die Entstehungsgeschichte und die Politik des Nationalsozialistischen Deutschen Studentenbundes (NSDStB) in Bonn (1928-1933), wobei er als Hauptquelle eine NS-Festschrift aus dem Jahre 1938 zu Rate zieht. Die Veröffentlichung ist von historiographischer Bedeutung, wagte sie doch nach 23 Jahren zum ersten Mal einen kritischen Blick auf die NS-Geschichte der Universität, der sich nicht ausschließlich auf die Verfolgung von Professoren verengte.

9.5. (Einhundertfünfzig) 150 Jahre Rheinische Friedrich-Wilhelms-Universität zu Bonn 1818-1968.
Verzeichnis der Professoren und Dozenten der Rheinischen Friedrich-Wilhelms-Universität zu Bonn 1818-1968, hrsg. v. Otto Wenig, sowie: Bonner Gelehrte. Beiträge zur Geschichte der Wissenschaften in Bonn. 9 Bände: Evangelische Theologie, Katholische Theologie, Staatswissenschaften, Medizin, Philosophie und Altertumswissenschaften, Geschichtswissenschaften, Sprachwissenschaften, Mathematik und Naturwissenschaften, Landwirtschaftswissenschaften, Bonn 1968-1971.

Das Verzeichnis listet die im Betrachtungszeitraum lehrenden Professoren der Universität Bonn auf, nennt biographische Daten und gibt kurze Hinweise zu den beruflichen Lebenswegen. Die nachfolgenden Bände „Bonner Gelehrte" beschäftigen sich mit der Geschichte der jeweiligen Fakultäten. Mitunter geschieht dies durch einen kurzen geschichtlichen Abriß, zumeist aber skizzieren verschiedene Autoren die Lebenswege und Leistungen der wichtigsten Professoren. Vorgestellt werden u. a. auch verfolgte Professoren wie z. B. der Zahnmediziner Alfred Kantorowicz und der evangelische Theologe Karl Ludwig Schmidt.

9.6. Faulenbach, Heiner,
Heinrich Josef Oberheids theologisches Examen im Jahr 1932 und das Geschick seines Prüfers Karl Ludwig Schmidt im Jahr 1933, in: „Daß unsere Augen aufgetan werden ...". Festschrift für Hermann Dembowski zum 60. Geburtstag, hrsg. v. Jörn-Erik Gutheil und Sabine Zoske, Frankfurt/ M. 1989.

Detailliert und spannend berichtet der Autor über das Kesseltreiben gegen den evangelischen Theologen und engagierten Sozialdemokraten Karl Ludwig Schmidt im Jahre 1933, der schließlich sein Stadtverordnetenman-

dat niederlegte, aus politischen Gründen entlassen wurde und in die Schweiz emigrierte. Schmidt blieb bei diesem Kampf stets seinen Auffassungen treu und verteidigte offensiv seinen Standpunkt. Der Autor greift zunächst den „Fall Oberheid" auf: Das Examen des Studenten wurde 1932 von seinem Prüfer Schmidt angefochten. Oberheid stieg nach der „Machtergreifung" zu einem hohen Kirchenfunktionär der „Deutschen Christen" auf und beteiligte sich wahrscheinlich an der Verfolgung Schmidts. Andere Anfeindungen kamen dazu, Schmidt wurde angegiftet, ihm wurden Patronage und ungenügende nationale Gesinnung vorgeworfen. Er geriet immer mehr in die Isolation. „Ohne Rückendeckung der Fakultät und von maßgeblichen Kirchenmännern im Rheinland nicht gestützt, ja fallengelassen, wurde Schmidt ... seines Professorenamtes enthoben."
⇒ 9.1.; 9.5.; 9.19.; 9.21.

9.7. Felix Hausdorff: Paul Mongré 1868-1942.

Ausstellung vom 24. Januar bis 28. Februar 1992 im Mathematischen Institut der Rheinischen Friedrich-Wilhelms-Universität Bonn und Elemente einer Biographie, (Bonn) 1992.

Prof. Felix Hausdorff

Der Mathematiker und vielseitig interessierte, universell gebildete Professor der Universität Bonn (1910-13, ab 1921) Felix Hausdorff war Jude. Als er 1942 in das Internierungslager für Bonner Juden in Endenich eingewiesen werden sollte, beging er zusammen mit seiner Frau Charlotte und deren Schwester Edith Pappenheim in seiner Wohnung in der jetzigen Hausdorffstraße 61 Selbstmord. In Vorahnung des Schicksals der Juden und bitter-ironisch begründete er diesen Schritt:
    „auch Endenich
    Ist noch vielleicht das Ende nich!"
Das Heft druckt Dokumente der Ausstellung ab und listet die gezeigten Fotos auf. Eine Biographie von Egbert Brieskorn (S. 77-94) rundet die Materialsammlung ab.
⇒ 9.2.; 9.5.; 9.12.; 9.17.; 9.22.

9.8. Gutzmer, Karl,

Die Philippsons in Bonn. Deutsch-jüdische Schicksalslinien 1862-1980. Dokumentation einer Ausstellung in der Universitätsbibliothek Bonn 1989. Bearbeitet v. Karl Gutzmer. Mit Beiträgen von Willehad Paul Eckert u. a., Bonn 1991 (Veröffentlichungen des Stadtarchivs Bonn Bd. 49).

Fotos und Beschreibung der Exponate der Ausstellung rund um die Professorenfamilie Alfred, Margarete und Dora Philippson, die das KZ Theresienstadt überlebten. Wilhelm Lauer (⇒ 9.16.) liefert dazu eine Kurzbiographie des Geographen Alfred Philippson.   ⇒ 9.5.; 9.12.; 9.16.; 9.18.; 10.23.

9.9. Hellberg, Helmut,

Johannes Maria Verweyen. Wahrheitssucher und Bekenner, in: Bonner Geschichtsblätter Bd. 31 (1979), S.122-154.

Naturwissenschaftliche Erkenntnis, mystische Erlebnisse und katholischer Glaube geben unterschiedliche Welterklärungen. Die Frage, wie sie aufeinander bezogen sind, war das Hauptthema des Philosophen Verweyen. Von

1908 bis 1934 war er in Bonn als Universitätsprofessor tätig – bis er aus politischen Gründen entlassen wurde. Die letzte Veröffentlichung des selbstkritischen Wahrheitssuchers wurde ihm zum Verhängnis: Die nationalsozialistische Zensur bewertete Passagen in „Heimkehr" (1941) als staatsfeindlich. Verweyen wurde verhaftet und in das KZ Sachsenhausen gebracht. Am 21. März 1945 kam er im KZ Bergen-Belsen um. Der Autor Hellberg, der selbst bei Verweyen studierte, führt in verständlicher Form in die Gedankenwelt des Philosophen ein.
⇒ *9.14.*

Biographien vertriebener Professoren

9.10. Höpfner, Hans-Paul,

Die vertriebenen Hochschullehrer der Universität Bonn 1933-1945, in: Bonner Geschichtsblätter Bd. 43/44 (1993/94; 1996), S. 447-487.

„*. . . zwischen 1933 und 1945 (wurden) 62 Angehörige der Bonner Universität entweder entlassen, in den Ruhestand versetzt, vorzeitig emeritiert, oder ihnen wurde die Lehrbefugnis . . . entzogen." Der Autor zieht nicht nur Bilanz der Vertreibung, sondern stellt die Betroffenen und ihr Schicksal – nach Fakultäten geordnet – in Kurzbiographien vor; von fast allen wird ein Portrait gezeigt.*

9.11. Hübinger, Paul Egon,

Thomas Mann, die Universität Bonn und die Zeitgeschichte. Drei Kapitel deutscher Vergangenheit aus dem Leben des Dichters 1905-1955, München, Wien 1974.

Im Dezember 1936 entzog die Universität Bonn Thomas Mann die Ehrendoktorwürde. Der Vorgang erregte weltweites Aufsehen, der folgende „Briefwechsel' zwischen Dekan und Dichter ist Lesebuchstoff geworden...". Der Autor spürt minuziös (682 Seiten) dem Geschehen nach und gibt dabei im „Kapitel: 1933-1945" eine Vielzahl von Hinweisen zur Geschichte der Bonner Universität und dem Verhalten einiger Professoren im „Dritten Reich".

9.12. Jüdisches Geistesleben in Bonn 1786-1945.

Eine Biobibliographie, bearbeitet von Helga Fremerey-Dohna und Renate Schoene, Bonn 1985 (Veröffentlichungen des Stadtarchivs Bonn Bd. 37).

z. B.:
Prof. Max Grünhut
Prof. Paul L. Landsberg
Prof. Adolf Nussbaum
Prof. Otto Toeplitz

Eine Zusammenstellung jüdischer Kultur- und Geistesgrößen, die in Berührung mit Bonn – zumeist mit der Universität Bonn – gekommen sind. Jeder Person ist ein kurzer ein- bis zweiseitiger biographischer Abriß gewidmet, dem die wichtigsten Lebens- und Schaffensdaten tabellarisch vorangestellt sind. Wichtig sind auch die Angaben weiterführender Literatur zu den einzelnen Persönlichkeiten, insbesondere zu den verfolgten jüdischen Professoren der Universität Bonn.

9.13. Kahle, Paul Ernst,

Bonn University in pre-Nazi and Nazi times (1923-1939). Experiences of a German Professor, London 1945.

Erfrischend klar, aber oft auch sehr undifferenziert, blickt Kahle, seit 1923 in Bonn Professor für orientalische Sprachen, auf seine Universitätszeit mit den ehemaligen Kollegen zurück. Kahle mußte 1939 mit seiner Frau

Marie (⇒ 5.7.; 5.9.) und seinen Söhnen aus Deutschland flüchten. In der Schrift ist insbesondere Teil 2, „The Nazi Period", zu beachten. Hier beschreibt er unter Nennung vieler Namen die Nazifizierung der Universität in vier „steps": „Dismissals", „Nazis send to Bonn", „Members of the Staff turn to Nazism" und „Professors lose influence in University". Aus den vielen fachlichen und politischen Würdigungen und Abqualifizierungen von Kollegen („convinced Nazi", „a Nazi of no special importance", „as a scholar, he was of no great importance" etc.) spricht Trauer und Bitterkeit über persönliche Verluste.

9.14. Kamps, Karl,

Johannes Maria Verweyen. Gottsucher, Mahner und Bekenner, Wiesbaden 1955.

Das Buch beschäftigt sich mit dem Lebensweg und der Gedankenwelt des Philosophen Verweyen wobei es, ergänzt durch erläuternde Kommentare, Verweyen selbst durch seine eigenen Werke sprechen läßt. Ergreifend das II. Kapitel, in dem Mitgefangene sich an Verweyens KZ-Zeit erinnern. ⇒ 9.9.

Prof. Verweyen: ermordet

9.15. Kirchhoff, Wolfgang,

Prof. Kantorowicz als Moorsoldat im KZ Börgermoor, in: Zahnmedizin im Faschismus, der articulator, Sondernummer April 1983, hrsg. v. der Vereinigung Demokratische Zahnmedizin e.V..

Kurzer Aufsatz über die Verfolgung des engagierten Sozialdemokraten, Juden und Professors für Zahnmedizin. Im März 1933 wurde er in „Schutzhaft" genommen, Mitte des Jahres überführte man ihn ins neu errichtete KZ Börgermoor, aus dem er ein Jahr später entlassen wurde. Kantorowicz konnte in die Türkei emigrieren.
⇒ 9.5.; 9.12.

Prof. Kantorowicz: vertrieben

9.16. Lauer, Wilhelm,

Alfred Philippson 1864-1953, in: Karl Gutzmer, Die Philippsons in Bonn (⇒ 9.8.), S. 117-132.

Kurzer Abriß der Lebensgeschichte des jüdischen Professors für Geographie. Der in Bonn geborene Rabbinersohn kehrte 1911 mit der Annahme des Rufs an die Universität endgültig nach Bonn zurück. Dort begann 1933 seine Verfolgungszeit, die mit drei Jahren Haft im KZ Theresienstadt endete. Philippson überlebte und kehrte nach Bonn zurück.
⇒ 9.5.; 9.8.; 9.12.; 9.18.; 10.23.

9.17. Neuenschwander, Erwin A.,

Felix Hausdorffs letzte Lebensjahre nach Dokumenten aus dem Bessel-Hagen-Nachlaß, Technische Hochschule Darmstadt, Fachbereich Mathematik, Darmstadt 1992.

Prof. Philippson: KZ überlebt

Während der Verfolgungszeit intensivierten sich die Kontakte zwischen Prof. Hausdorff und seinem Kollegen Prof. Bessel-Hagen. In dessen Nachlaß befindet sich eine ausgedehnte Korrespondenz und andere Materia-

lien, die den Leidensweg des Felix Hausdorff eindrucksvoll illustrieren. Der Autor stellt die wichtigsten Dokumente in einen Zusammenhang.
⇒ *9.2.; 9.5.; 9.7.; 9.12.; 9.22.*

9.18. Philippson, Alfred,

Wie ich zum Geographen wurde. Aufgezeichnet im Konzentrationslager Theresienstadt zwischen 1942 und 1945, hrsg. v. Hans Böhm und Astrid Mehmel, Bonn 1996 (Academica Bonnensia Bd. 11).

Die autobiographischen Aufzeichnungen (hauptsächlich bis 1933) entstanden zum großen Teil während Philippsons KZ-Haft in Theresienstadt. Er verbrachte den größten Teil seines Lebens als Jude in Bonn, und so sind neben Auslandsreisebeschreibungen die Erinnerungen an seine Vaterstadt besonders eindrucksvoll, beleuchten sie doch auch die Schwierigkeiten eines deutschen Juden im Wissenschaftsbetrieb. Die Herausgeber ordnen die Autobiographie ein, schildern Philippsons Emigrationsversuche 1941/42 und analysieren die besondere Geschichte dieses „Theresienstädter Dokuments".
⇒ *9.5.; 9.8.; 9.12.; 9.16.; 10.23.*

9.19. Prolingheuer, Hans,

Der Fall Karl Barth 1934-1935. Chronographie einer Vertreibung, Neukirchen-Vluyn 1977.

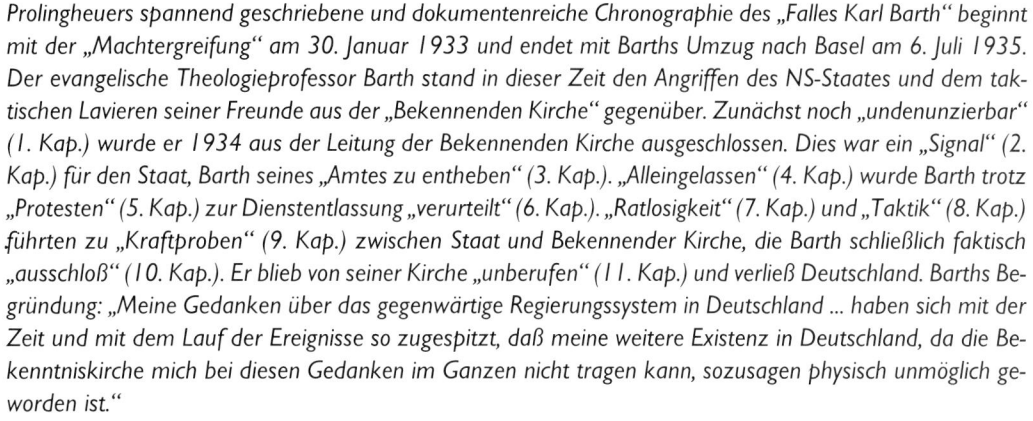

Prolingheuers spannend geschriebene und dokumentenreiche Chronographie des „Falles Karl Barth" beginnt mit der „Machtergreifung" am 30. Januar 1933 und endet mit Barths Umzug nach Basel am 6. Juli 1935. Der evangelische Theologieprofessor Barth stand in dieser Zeit den Angriffen des NS-Staates und dem taktischen Lavieren seiner Freunde aus der „Bekennenden Kirche" gegenüber. Zunächst noch „undenunzierbar" (1. Kap.) wurde er 1934 aus der Leitung der Bekennenden Kirche ausgeschlossen. Dies war ein „Signal" (2. Kap.) für den Staat, Barth seines „Amtes zu entheben" (3. Kap.). „Alleingelassen" (4. Kap.) wurde Barth trotz „Protesten" (5. Kap.) zur Dienstentlassung „verurteilt" (6. Kap.). „Ratlosigkeit" (7. Kap.) und „Taktik" (8. Kap.) führten zu „Kraftproben" (9. Kap.) zwischen Staat und Bekennender Kirche, die Barth schließlich faktisch „ausschloß" (10. Kap.). Er blieb von seiner Kirche „unberufen" (11. Kap.) und verließ Deutschland. Barths Begründung: „Meine Gedanken über das gegenwärtige Regierungssystem in Deutschland ... haben sich mit der Zeit und mit dem Lauf der Ereignisse so zugespitzt, daß meine weitere Existenz in Deutschland, da die Bekenntniskirche mich bei diesen Gedanken im Ganzen nicht tragen kann, sozusagen physisch unmöglich geworden ist."
⇒ *9.1.; 9.5.; 9.6.; 9.21.*

Prof. Karl Barth

9.20. van Rey, Manfred,

Die Rheinische Friedrich-Wilhelms-Universität Bonn vom 18. Oktober 1944 bis 17. November 1945, in: Bonner Universitätsblätter 1995, S. 29-44.

Über ein Jahr ruhte der Lehrbetrieb 1944/45 – in der Zeit zwischen der Zerstörung der universitären Einrichtungen durch den verheerenden Bombenangriff vom 18. Oktober 1944 und der feierlichen Wiederöff-

nung am 17. November 1945 durch Rektor Konen. Der Autor beschreibt in seinem Aufsatz das Ausmaß der Zerstörung an den verschiedenen Gebäuden der Universität, berichtet über die zerstörungsbedingten Auslagerungen z. T. in die Privatwohnungen von Professoren und skizziert kurz die Bemühungen um die Wiedereröffnung nach Besetzung und Teilwiederaufbau.
⇒ 15.8.

9.21. Rohkrämer, Martin,

Mutiger Theologe und Sozialdemokrat

Fritz Lieb 1933-1939. Entlassung – Emigration – Kirchenkampf – Antifaschismus, in: Theologische Fakultäten im Nationalsozialismus, hrsg. v. Leonore Siegele-Wenschkewitz und Carsten Nicolaisen, Göttingen 1993, S. 181-197 (Arbeiten zur kirchlichen Zeitgeschichte, Reihe B, Bd. 18).

Der Autor erinnert an die Verfolgung und den Widerstand von Fritz Lieb, der zum Zeitpunkt der „Machtergreifung" – so wie auch Barth und Schmidt – als evangelischer Theologieprofessor an der Universität lehrte und engagierter Sozialdemokrat war. Als „unverbesserlicher (18)48er" (Barth) geriet Lieb schnell ins politische Abseits und mußte am 24. November 1933 von seinen Studenten Abschied nehmen: „.... Die Möglichkeit, in diesem (sozialistischen) Sinn zu lehren, ist mir gewaltsam nun genommen. Und insofern damit die Freiheit einer nur an Gottes Wort gebundenen Theologie angetastet ist, lege ich hiermit ausdrücklich Protest ein. ... Ich möchte Sie bitten, selber unbekümmert um äußeren Druck diesem einzigen Wort (Gottes Wort) treu und gehorsam zu bleiben." Lieb emigrierte nach Frankreich und später in die Schweiz.
⇒ 9.1.; 9.5.; 9.6.; 9.19.

9.22. Vorlesungen zum Gedenken an Felix Hausdorff,

hrsg. v. Eugen Eichhorn und Ernst-Jochen Thiele, Berlin 1994 (Berliner Studienreihe zur Mathematik Bd. 5).

Eine Sammlung von Vorlesungen, in denen die Autoren in verständlicher Form Werk und Leben des Mathematikers Felix Hausdorff (⇒ 9.7.) würdigen.
⇒ 9.2.; 9.5.; 9.7.; 9.12.; 9.17.

Weitere Hinweise

– Falkenberg, Collegium Albertinum (6.9.)
– Professorin der pädagogischen Akademie Klara-Marie Faßbinder (5.10.)
– Professor der Katholischen Theologie Wilhelm Neuss (6.11.)
– Professor für Geschichte Wilhelm Levison (10.17.)
– Universitäre Forschung im Bereich der Eugenik s. Kap. 11 (Eugenik)
– Universität nach 1945 (15.7.; 15.8.; 15.10.)
– Widerstand an der Universität – die Gruppe um den Studenten Walter Markov (5.8.; 5.11.; 5.12.; 5.15.; 9.4.; 15.10.)

10. Juden und Judenverfolgung

Eine detaillierte Gesamtdarstellung der Judenverfolgung in Bonn liegt noch nicht vor. Indessen gibt es eine Fülle von kleineren Studien zur Judenverfolgung. Immer wieder schreiben Projektgruppen auch über jüdische Schicksale in ihrem Stadtteil. Wer sich über die Grundtatsachen der Judenverfolgung in Bonn schnell informieren möchte, sollte mit dem Aufsatz von Manfred van Rey (10.22.) und hierzu ergänzend mit den Publikationen über Ostjuden (10.1.) und „Mischehen" (10.28.) beginnen.

Sogenannter „Stürmerkasten" (Aushang des antisemitischen Hetzblattes „Der Stürmer") auf dem Münsterplatz, 1935.

10.1. „Abgeschoben nach Polen am 28. 10. 1938 . . .".

Ostjuden

Jüdische Familien in Bonn. Gesehen mit der Kamera von Abraham Sieff. Eine Dokumentation zur Ausstellung des Stadtmuseums Bonn, des Vereins An der Synagoge, der Bonner Geschichtswerkstatt und der Deutsch-Israelischen Gesellschaft, Redaktion Horst-Pierre Bothien und Erhard Stang, Bonn 1993.

Abraham Sieff, 1920 in Bonn geborener polnischer Jude, bekam mit 16 Jahren einen Fotoapparat geschenkt. Er fotografierte bis zu seiner Emigration 1939 seine Heimat, seine Freunde und Bekannten zu Hause und auf Ausflügen. Seine Eltern und sein Bruder fielen dem Holocaust zum Opfer, er selbst rettete sich und sein Negativarchiv nach Palästina. Die Fotos dokumentieren das Leben der Bonner Ostjuden in der Nordstadt, eine Welt, die weitgehend in Vergessenheit geraten war. Das Heft schließt mit dem Abdruck des Aufsatzes über Bonner Ostjuden von Erhard Stang (⇒ 10.30.).
⇒ *10.3.*

10.2. „. . . auch Endenich ist noch vielleicht das Ende nich!".

Deportiert aus Endenich Juni/ Juli 1942: Transport der Bonner Juden in die Vernichtungslager. Eine Dokumentation zur Ausstellung, hrsg. v. Verein An der Synagoge, Stadtmuseum Bonn, Deutsch-Israelische Gesellschaft und Gesellschaft für Christlich-Jüdische Zusammenarbeit, Bonn 1992.

Die Ausstellung erinnerte an den 50. Jahrestag der Deportation Bonner Juden und Jüdinnen in die KZs des Ostens. Der Titel ist ein Zitat aus dem Abschiedsbrief Prof. Felix Hausdorffs (⇒ 9.7.), der sich der Internierung im Endenicher Kloster und der daraufffolgenden Deportation, die er voraussah, durch Selbstmord entzog. Das Heft enthält die Texte sowie die wichtigsten Dokumente und Fotos der Ausstellung, die am authentischen Ort – im Endenicher Kloster – gezeigt wurde.
⇒ *10.20.*

10.3. Bothien, Horst-Pierre,

z. B. Familie Karpel

Das Schicksal der Familie Karpel. „Abgeschoben nach Polen am 28. 10. 1938 ...", in: „Es treibt mich die Nötigung des Lebens ...". Fremde in Bonn. Ein historisches Lesebuch, hrsg. v. d. Bonner Geschichtswerkstatt, Bonn 1994, S. 109-112.

Ostjüdische Familien aus Bonn konnten entweder noch frühzeitig in ein sicheres Land emigrieren oder wurden 1938/39 nach Polen abgeschoben. Viele dieser Abgeschobenen fielen nach dem Einmarsch deutscher Truppen dem Holocaust zum Opfer. Der Aufsatz schildert diese Fakten am Beispiel der Familie Karpel: Während Gilla Karpel als Hausmädchen nach England emigrieren konnte, wurden ihre Eltern und ihr Bruder nach Polen abgeschoben. Das letzte Lebenszeichen der drei stammt aus dem Jahre 1942.
⇒ *10.1.; 10.30.*

10.4. Bücher, Johannes,

Zur Geschichte der jüdischen Gemeinde in Beuel, hrsg. v. d. Stadtverwaltung Beuel, Beuel 1965 (Studien zur Heimatgeschichte der Stadt Beuel am Rhein Heft 7).

Der Schwerpunkt der Studie liegt auf der Darstellung der Geschichte der jüdischen Gemeinde in Beuel vor 1933. Nur am Rande wird auf die NS-Verfolgung eingegangen. Wichtig aber ist die „Liste der in Beuel im Jahre 1933 wohnhaft gewesenen und später zugezogenen Juden" mit Hinweisen auf ihre Schicksale.
⇒ *10.31.*

z.B.:
Ehepaar Arensberg,
Kölnstraße 97, im
KZ Theresienstadt
umgekommen

10.5. Dressel, Hans-Christian; Dieter Remig,

Vergessene Mitbürger: Juden in der Nordstadt, in: „"... tranken dünnen Kaffee und aßen Platz dazu". Leben in der Bonner Nordstadt 1850-1990, hrsg. v. d. Bonner Geschichtswerkstatt, Bonn 1991, S. 98-104.

Auch in der Bonner Nordstadt gab es von Juden geführte Handwerksbetriebe und Geschäfte. Der lettische Jude Isaak Plawin z. B. führte bis zu seiner Vertreibung 1938 in der Breitestraße eine Leihbücherei. Kurz vor ihrer Deportation 1941/ 42 lebten in Breite-, Köln-, Vorgebirgs-, Max-, Nord-, Bornheimer- und Vorgebirgsstraße sowie Im Krausfeld mindestens 54 Juden und Jüdinnen, wovon nur eine Jüdin den Holocaust überlebte. Die Autoren erinnern an die Schicksale dieser Menschen.
⇒ *10.32.*

10.6. Düwell, Kurt,

Die Rheingebiete in der Judenpolitik des Nationalsozialismus vor 1942. Beitrag zu einer vergleichenden zeitgeschichtlichen Landeskunde, Bonn 1968 (Rheinisches Archiv 65).

Wer die Verfolgung Bonner Juden und Jüdinnen in einen weiteren Rahmen stellen möchte, sollte zu dieser Studie greifen. In sechs Großkapiteln (Stichworte: Statistik, frühe antijüdische Maßnahmen, wirtschaftliche und soziale Entwicklung, Judenpolitik 1937 bis 1941, Möglichkeiten des Widerstands, „Endlösung") zeigt der Autor die Situation der jüdischen Bevölkerung in den Rheingebieten auf. Hier gibt es immer wieder Bonn-Bezüge, die durch das umfangreiche Sachregister leicht zu erschließen sind. Eindrucksvoll der Anhang II: Der Bericht des lettischen Juden Isaak Plawin aus Bonn über die Boykottmaßnahmen gegen seine Buchhandlung am 1. April 1933.

Überlebende des Holocausts

Hanny Shurmann, überlebte das „Dritte Reich"

NS-Dokumente zur Judenverfolgung

10.7. Ehemalige jüdische Mitbürger zu Besuch in der Bundeshauptstadt (ihrer Heimatstadt).

Eine (Presse-)Dokumentation (Erinnerungsband), hrsg. v. der Stadt Bonn, Presseamt, Bonn 1980 -1997 (einmal jährlich).

Seit 1980 lädt die Stadt Bonn die während der NS-Zeit verfolgten und vertriebenen Juden und Jüdinnen einmal im Jahr zu einem Besuch in ihre Heimatstadt ein. Das heute unter dem Begriff „Begegnungswoche" bekannte Treffen ist beinahe zu einer Tradition geworden. Es begann als Akt der Wiedergutmachung: „Wir Bonner wissen", so der damalige Oberbürgermeister Daniels in seiner Einladung, „daß ein solcher Besuch bei Ihnen auch schmerzliche Erinnerungen wachrufen wird, doch wir wollen mit unserer Gastfreundschaft um Versöhnung werben und allen die Hand reichen, die sie annehmen." Aus diesen Treffen entstanden zahlreiche Freundschaften, das Programm ermöglichte immer wieder Begegnungen zwischen verfolgten Juden und der jüngeren Generation, die dabei viel und hautnah über die Bonner Judenverfolgung erfuhr. In den Erinnerungsbänden dokumentiert das Presseamt die nunmehr 18 Besuchswochen.
⇒ *15.15.*

10.8. Eilers, Rolf,

Die Synagogengemeinde Godesberg-Mehlem, in: Godesberger Heimatblätter Bd. 6 (1968), S. 35-56.

Die Untersuchung konzentriert sich auf die Zeit vor 1933 und hellt Hintergründe des Lebens der Gemeinde vor ihrer Vernichtung auf.
⇒ *10.14.*

10.9. Ennen, Edith,

Die jüdische Gemeinde Bonn. Ein Beitrag zur Geschichte des Judentums im Rheinland, in: Bonner Geschichtsblätter Bd. 29 (1977), S. 81-94.

Wichtige Informationen und Literaturangaben zur Geschichte der Juden im Bonn-Kölner Raum. Die NS-Verfolgungszeit wird nur kurz angesprochen (S. 93/ 94).

10.10. Esser, Albert,

Ausgewählte Dokumente zum Leben und Leiden der Juden im Köln-Bonner Raum zwischen 1934 und 1941, in: Wesselinger Heimat- und Geschichtsblätter Nr. 11/ 12/ 13 (1988/1989), S. 36-43/ 21-23/ 16-18.

Die Beiträge zeigen Beispiele des kalten, verwaltungstechnischen Ablaufs der Judenverfolgung und ihrer emotionslos-bürokratischen „Bewältigung" durch die Verantwortlichen. Von den vorgestellten 6 Fällen werden zahlreiche Dokumente aus den Parteistellen, Zivil-, Justiz- und Polizeibehörden abgedruckt. Fall 4 beschäftigt sich mit der „Reichskristallnacht" in Duisdorf. Wer sich noch nicht mit Schriftsätzen aus der NS-Zeit auseinandergesetzt hat, kann sich hier gut einlesen.

10.11. Hindrichs, Andrea; Stephan Müller; Silke Pflanz,

Bibliographie über die Juden in und um Bonn von 1500 bis zur Gegenwart, Seminararbeit, Bonn 1990.

Die Bibliographie listet insgesamt 81 Titel auf, wobei auch Literatur zur jüdischen Geschichte vor 1933 im weiteren Umland von Bonn genannt wird.

10.12. Justiz und NS-Verbrechen.

Sammlung deutscher Strafurteile wegen nationalsozialistischer Tötungsverbrechen 1945-1966, Redaktion Fritz Bauer und Karl-Dietrich Bracher, Amsterdam 1968 f., Bd. XII (Lfd. Nr. 403, Urteil gegen frühere Gestapo-Beamte aus Köln).

Unter der Leitung der Kölner Gestapo wurden in Köln mindestens 14 Eisenbahn-Sammeltransporte mit rheinischen Juden und Jüdinnen – also auch die aus Bonn – zusammengestellt und in die KZs des Ostens geschickt. Gegenstand des Urteils ist der Nachweis der maßgeblichen Beteiligung dreier Gestapo-Beamter an diesen Deportationen. Eindrücklich wird der technische Ablauf der Transportzusammenstellung in Köln geschildert.
⇒ *10.13.*

Schicksal der Bonner Juden und Jüdinnen

10.13. Justiz und NS-Verbrechen.

Sammlung deutscher Strafurteile wegen nationalsozialistischer Tötungsverbrechen 1945-1966, Redaktion Fritz Bauer und Karl-Dietrich Bracher, Amsterdam 1968 f., Bd. XIX (Lfd. Nr. 552, Urteil gegen mehrere Polizisten und SS-Leute wegen Massentötungen).

In einen der in Köln zusammengestellten Eisenbahnzüge – dem Transport Da 219 – wurden am 20. Juli 1942 auch etwa 180 Bonner Juden und Jüdinnen gepfercht. Zielort war Minsk, wo aller Wahrscheinlichkeit nach alle Deportierten ermordet wurden. In einer Passage des Urteils (S. 192-196) faßt das Gericht seine Recherchen über das Schicksal der insgesamt 16 Minsk-Transporte zusammen.
⇒ *10.12.*

10.14. Kleinpass, Hans,

Zur Geschichte der ehemaligen Synagogen in Godesberg und Mehlem, in: Godesberger Heimatblätter Bd. 25 (1987), S. 146-173.

Ein fundierter Abriß der Geschichte der Godesberger Synagoge in der Oststraße 7 und der Mehlemer Synagoge an der Meckenheimer Straße. Darüber hinaus gibt der Aufsatz wichtige Informationen über Größe und Entwicklung der genannten Synagogengemeinden und zeigt die Phasen der lokalen Judenverfolgung auf. Erwähnt wird auch das Schicksal des Mehlemer Metzgermeisters Josef Levy, der schon früh – 1935 – den NS-Verfolgungsmaßnahmen zum Opfer fiel.
⇒ *10.8.*

10.15. Küpper, Jürgen,

Jüdische Schicksale in Bad Godesberg, in: Godesberger Heimatblätter Bd. 33 (1995), S. 5-11.

„Anne-Frank-Schicksal"
mit gutem Ausgang

Nach einem kurzen, eher allgemein gehaltenen Überblick über die Judenverfolgung in Bad Godesberg und Mehlem erinnert der Autor an ein „Anne-Frank-Schicksal mit gutem Ausgang". Ein Jahr versteckte sich der von Juden abstammende Arzt Dr. Schreiber in einer Dachkammer im Haus Karl-Finkelnburg-Str. 4, um sich der drohenden Gestapo-Haft und der Deportation zu entziehen. Untertauchen konnte er nur, weil ihm seine Frau und Freunde (vor allem sein Freund Dr. Meffert) halfen.

10.16. Lekebusch, Sigrid,

Not und Verfolgung der Christen jüdischer Herkunft im Rheinland 1933-1945. Darstellung und Dokumentation, Köln 1995 (Schriftenreihe des Vereins für Rheinische Kirchengeschichte Bd. 117).

Das Buch beschäftigt sich mit dem Thema der sog. „Mischehen" und „Mischlinge" und ihrer Verfolgung während des „Dritten Reiches". Dafür wurde sowohl beim statistischen Teil als auch in den herangezogenen Beispielen bzw. Zeitzeugeninterviews auf Bonner Quellen zurückgegriffen. Die Bonn-Bezüge können leicht durch das Ortsregister erschlossen werden.
⇒ 10.28.

10.17. Linn, Heinrich,

Juden an Rhein und Sieg, Siegburg 1983.

Diese voluminöse Begleitpublikation zur gleichnamigen Ausstellung des Jahres 1983 beschäftigt sich vor allem mit der Kultur und dem alltäglichen Leben der Juden und Jüdinnen, aber auch mit Entstehung und Niedergang der verschiedenen Synagogengemeinden im heutigen Rhein-Sieg-Kreis. 19 Autoren und Autorinnen konzentrieren sich auf Einzelaspekte des Themas. Im Kapitel F wird gesondert über die „Juden an Rhein und Sieg unter der nationalsozialistischen Herrschaft" berichtet. Das Buch ist aber auch für die Stadt Bonn interessant: Allein durch die Tatsache, daß Bonn für die umliegenden Gemeinden zentralörtliche Funktion besaß, ergeben sich immer wieder Berührungspunkte des jüdischen Lebens im Umland mit der Bonner Geschichte. Hingewiesen sei noch auf drei Aufsätze mit deutlichem Bonn-Bezug: Heinrich Linn, Der Bonner Historiker Wilhelm Levison (1876-1947); Herbert Weffer, Die jüdischen Gemeinden im Bereich des heutigen Stadtkreises Bonn vor 1945; Pedro Wagner, Neubildung der Synagogengemeinde Bonn (nach 1945).

10.18. Müller-Solger, Anke; Phyllis Weber; Natascha Welz,

Judenverfolgung in Bonn, Ms., Bonn 1983.

Die Arbeit, die im Rahmen des Schülerwettbewerbs Deutsche Geschichte 1982/83 geschrieben wurde, bringt für die damalige Zeit viele neue Informationen, ist aber heute überholt. Sie wird hier trotzdem genannt als Beispiel einer engagierten Schülerinnenarbeit, für die intensiv geforscht und aktuelle Bezüge gesucht wurden. Wichtig auch das Interview mit der Jüdin Else Waldmann über ihre Verfolgungszeit in Bonn (S. 57-70).

Else Waldmann

10. Juden/ Judenverfolgung

Brennende Bonner Synagoge, 1938

10.19. Neugebauer, Otto,
Der Pogrom vom 10. November 1938, in: Bonner Geschichtsblätter Bd. 19 (1965), S. 196-206.

Neugebauer zählt zu den ersten Lokalhistorikern, die sich intensiv mit den Verbrechen gegen die Juden in Bonn beschäftigten. Seine Schilderung der „Reichskristallnacht" stützt sich auf Augenzeugenberichte, auf Gerichtsunterlagen des Nachkriegsprozesses gegen die Synagogenbrandstifter und auf Akten des Stadtarchivs Bonn. Nach 30 Jahren wäre es jedoch an der Zeit, die Ereignisse in Bonn um den 10. November 1938 noch einmal genauer zu rekonstruieren.

10.20. Neugebauer, Otto,
Ein Dokument zur Deportation der jüdischen Bevölkerung Bonns und seiner Umgebung, in: Bonner Geschichtsblätter Bd. 18 (1964), S. 158-229.

Ein zentrales Dokument zur Deportation Bonner Juden und Jüdinnen ist die Meldeliste des Hauses Kapellenstraße 6, der Adresse des Endenicher Klosters. Das Kloster wurde 1941 von der Bonner Gestapo beschlagnahmt, um dort alle noch in Bonn verbliebenen „ungeschützten" Juden zu internieren. Von hier aus traten die Betroffenen den Weg in die KZs des Ostens an – fast alle von ihnen fielen dem Holocaust zum Opfer. Die Hausmeldeliste nennt nahezu alle dort internierten Juden und ihre Internierungszeit. Neugebauer hat dieses Dokument abgedruckt und die Angaben mit anderen Listen verglichen. Die Liste mit ihren Anmerkungen gibt einen erschreckenden Einblick in das Schicksal der etwa 470 internierten Juden und Jüdinnen.
⇒ *10.2.*

10.21. van Rey, Manfred,
Die jüdischen Bürger von Oberkassel, in: Bonner Geschichtsblätter Bd. 36 (1984), S. 291-334.

Schicksal der Oberkasseler Juden

Die Juden von Oberkassel gehörten der Synagogengemeinde Oberdollendorf an. Vor diesem Hintergrund geht der Autor den Spuren der Oberkasseler Juden nach. Besonders detailliert schildert er ihr Schicksal während der NS-Zeit, wobei er auf das umfangreiche Archivmaterial des Stadtarchivs Königswinter zurückgreift.

10.22. van Rey, Manfred,
Die Vernichtung der Juden in Bonn, in: Vorlesungen zum Gedenken an Felix Hausdorff, hrsg. v. Eugen Eichhorn und Ernst-Jochen Thiele, Berlin 1994 (Berliner Studien zur Mathematik Bd. 5), S. 227-250.

Fundierter Überblick über die Geschichte der Bonner Juden und Jüdinnen bis zu ihrer Ermordung, mit vielen Hinweisen auf jüdische Persönlichkeiten. Allerdings wird auf das Schicksal der Bonner Ostjuden bzw. der sog. „Mischehen" und „Mischlinge" nicht eingegangen.

Anneliese Nossbaum

10.23. Rothe, Valentine,

Jüdinnen in Bonn: 1933-1945, in: Frauenleben im NS-Alltag, hrsg. v. Annette Kuhn, Pfaffenweiler 1994 (Bonner Studien zur Frauengeschichte Bd. 2), S. 281-320.

Nach einer kurzen Einführung folgt eine Chronologie der staatlichen Maßnahmen, von denen Jüdinnen in besonderer Weise betroffen waren. Im dritten Kapitel berichtet die Autorin davon, was die Verfolgungsmaßnahmen für einzelne Bonner Jüdinnen bedeuteten. Besonders interessant sind dann die Lebenserinnerungen zweier Bonner Jüdinnen: Der Lebensbericht (bis 1945) von Anneliese Nossbaum, die im Gegensatz zu ihren Eltern die KZ-Haft überlebte, und der „Bericht über die Deportation und das Überleben in Theresienstadt 1942-1945" von Dora Philippson (⇒ 9.16.).

10.24. Schafgans, Hans,

„ ... auf einer Wiese Gans und Schaf ...", in: „ ... das durfte keiner wissen!" Hilfe für Verfolgte im Rheinland von 1933 bis 1945. Gespräche, Dokumente, Texte, hrsg. v. Günther B. Ginzel, Bonn 1995, S. 185-196.

Der Autor, damals „Halbjude", erzählt die Geschichte seines Untertauchens in den Jahren 1944/45. Mit gefälschten Papieren, die auf den Namen Hans Wiese lauteten, reiste er zu Verwandten und Freunden in ganz Deutschland, jederzeit in Gefahr verhaftet zu werden. In seiner Not fand er immer wieder mutige Helfer. Im Winter 1944/45 konnte er sich mit seinen Eltern in Dornstetten im Schwarzwald eine neue – illegale – Identität aufbauen. Der Titel erklärt den Namen Wiese: Schafgans' Vater, der die Papiere fälschte, war der Meinung, daß sich auf einer WIESE SCHAF und GANS gut verstecken ließen.
⇒ 10.25.; 10.28.

10.25. Schafgans, Theo,

Sechs Jahrzehnte hinter der Kamera. Mein Leben als Fotograf, in: Bonner Geschichtsblätter Bd. 36 (1984), S. 335-408.

Ab S. 378 berichtet der Inhaber des bekannten Bonner Fotogeschäftes über die Zeit im „Dritten Reich". Verheiratet mit einer „getauften Jüdin", begann 1933 die Zeit der Verfolgung für ihn und seine Familie. Schafgans half anderen Verfolgten, indem er Pässe fälschte. Vor der „September-Aktion" 1944 tauchte er mit seinen Angehörigen als Familie „Wiese" im Schwarzwald unter.
⇒ 10.24.; 10.28.

Ausgebrannte Bonner Synagoge, 1939

10.26. Schmitz, Irmgard,

Bonn, in: Wegweiser durch das jüdische Rheinland, hrsg. v. Ludger Heid und Julius H. Schoeps, Berlin 1992, S. 38-53.

Der Artikel enthält kurzgefaßt die Geschichte der Alt-Bonner Juden und weist auf Orte im heutigen Stadtbild hin, die für die jüdische Geschichte – besonders aber die Verfolgung im „Dritten Reich" – von Bedeutung waren. Dabei auch einige Fotos sowie ein Stadtplan der Innenstadt mit Hinweisen auf „jüdische Stätten".

10.27. Schmitz, Irmgard,

Zur Geschichte der Bonner Juden während der NS-Zeit, in: Bonn, 54 Kapitel Stadtgeschichte, hrsg. v. Josef Matzerath, Bonn 1989, S. 301-306.

Kurze Zusammenfassung der Geschichte der NS-Judenverfolgung in Bonn, auch ein kleiner Beitrag über die damalige jüdische Volksschule in der Koblenzer Straße (heute: Adenauerallee) 32, eine Schule, die durch ihre moderne Pädagogik überregionale Bedeutung erlangte.

10.28. „September-Aktion" 1944.

„Mischehen" und „Mischlinge" in Bonn. Dokumentation zur Ausstellung der Deutsch-Israelischen Gesellschaft, des Stadtmuseums Bonn und des Vereins An der Synagoge i. Z. mit dem Verein Gegen Vergessen – Für Demokratie und dem Katholischen Jugendamt in der Stadt Bonn, hrsg. v. Verein An der Synagoge, Bonn 1994.

Nicht alle Bonner Juden und Jüdinnen wurden 1941/42 deportiert. Es blieben noch diejenigen, die in christlich-jüdischen Mischehen lebten, und die Kinder dieser Ehen, die sog. „Halbjuden". Im September 1944 ging die Bonner Gestapo auch gegen sie vor. Die Familien wurden getrennt, die Juden und Jüdinnen wurden zur Zwangsarbeit oder in KZs verschleppt. Von den über 200 betroffenen Personen überlebten mindestens 9 die Verschleppung nicht. Der Ausstellungsführer stellt Familienschicksale vor.
⇒ 10.16.

10.29. Sie durften nicht mehr Deutsche sein.

Jüdischer Alltag in Selbstzeugnissen 1933-1938, hrsg. von Margarete Limberg und Hubert Rübsaat, Frankfurt/M. 1990.

Jüdischer Alltag in einer „arischen Gesellschaft"

In dieser interessanten Sammlung von Selbstzeugnissen deutscher Juden und Jüdinnen über ihre Verfolgung berichtet auch der bekannte und angesehene Bonner Arzt Arthur Samuel über seine Erlebnisse. In seinen beiden Beiträgen „Patienten als Erpresser" und „Weiteres Unheil nach der Entlassung" zeigt er auf, was es hieß, nach 1933 Jude in einer „arischen" Gesellschaft zu sein: Man wurde nicht nur ausgegrenzt und entrechtet, sondern auch für jedermann angreifbar: Patienten versuchten, Samuel zu erpressen, der Gestapo-Chef ließ ihn seine Macht spüren, eine Horde Betrunkener verfolgte und bedrohte ihn. Die Berichte machen deutlich, daß der Alltag der Juden und Jüdinnen in Deutschland nicht nur durch staatliche Verordnungen geprägt war, sondern auch durch die normalen zwischenmenschlichen Beziehungen. Dabei nutzte mancher „Volksgenosse" die „Gunst der Stunde" und kompensierte seine persönlichen Probleme auf Kosten der Ausgegrenzten.

10.30. Stang, Erhard,

Ostjuden in Bonn. „Kein wünschenswerter Zuwachs im nationalen Sinne ...", in: Fremde in Bonn. Ein historisches Lesebuch. „Es treibt mich die Nötigung des Lebens ...", hrsg. v. d. Bonner Geschichtswerkstatt, Bonn 1994, S. 103-108.

Der Aufsatz befaßt sich mit dem Leben und dem Schicksal der polnischen Ostjuden, die vornehmlich zu Anfang des Jahrhunderts als Handwerker und Kaufleute nach Bonn kamen und sich hier eine Existenz aufbauten. Gerade die vielen in Bonn geborenen Söhne und Töchter dieser Emigranten fühlten sich hier heimisch. Mitte bis Ende der 30er Jahre wurden die Familien aus Deutschland herausgedrängt. Sie emigrierten oder wurden 1938/39 nach Polen abgeschoben, wo viele von ihnen dem Holocaust zum Opfer fielen.
⇒ *10.1.; 10.3.*

10.31. Stang, Erhard,

Schicksale Beueler Juden und Jüdinnen. „Ihr weiterer Aufenthalt im Reichsgebiet ist unerwünscht.", in: „Die Beueler Seite ist nun einmal die Sonnenseite ...". Ein historisches Lesebuch, hrsg. v. d. Bonner Geschichtswerkstatt, Bonn 1996, S. 103-114.

Der Autor gibt zunächst einen knappen und nüchternen Abriß der Judenverfolgung in Beuel. Er endet mit einer statistischen Übersicht: Mindestens 74 (wahrscheinlich aber über 100) Beueler Juden und Jüdinnen fielen dem Holocaust zum Opfer. Das Besondere an Stangs Aufsatz liegt darin, daß er die Beschreibung der Judenverfolgung in Beuel nicht im Allgemeinen beläßt, sondern anhand von vier Beispielen aufzeigt, „welch furchtbare Folgen die nationalsozialistische Herrschaft in Deutschland für jeden einzelnen Juden und für jede einzelne Jüdin hatte." Dies gelingt dem Autor eindrucksvoll. Mit der Beschreibung der Lebenswege und der Schicksale von Scheco Dronk, Max Goldreich, Edith Sternschein und Dr. Max Weis werden die Naziverbrechen in lebendiger Erinnerung gehalten.
⇒ *10.4.*

Edith Sternschein

10.32. Unsere „Geschichte" mit dem Prozeß des Erinnerns.

Dokumentation über die Juden und Jüdinnen im Pfarrbezirk von St. Marien, hrsg. v. d. Friedensgruppe in St. Marien, Ms., Bonn 1991.

Mit viel Engagement stellte die Friedensgruppe in St. Marien eine Dokumentation über die damals im Pfarrbezirk lebenden Juden und Jüdinnen zusammen. Aufgrund der Recherchen in Archiven und durch Zeitzeugengespräche entstand eine eindrucksvolle Auflistung der Namen und Lebensdaten. Sie wurde wo möglich durch weiterführende Informationen ergänzt.
⇒ *10.5.*

10.33. Wissmann, Karin,

Eine Jüdin im Untergrund

Überleben in der „Höhle des Löwen". Das Schicksal einer Jüdin im 2. Weltkrieg, in: Die Kriegsjahre in Deutschland 1939 bis 1945, für die Körber-Stiftung hrsg. v. Dieter Galinski und Wolf Schmidt, Hamburg 1985.

Nur ganz wenige Juden oder Jüdinnen entzogen sich der Deportation aus Westdeutschland, indem sie in die Illegalität flüchteten. Es ist einer Schülerin zu verdanken, daß das Untertauchen von Hanny Hertz dokumentiert wurde. Sie interviewte die Münsteranerin, die freimütig erzählte, was ihr zwischen 1941 und 1945 in der Illegalität widerfuhr. Den größten Teil dieser Zeit verbrachte Frau Hertz in Bonn und Bad Godesberg.

10.34. Zur Geschichte der Juden in Endenich.

Gemeindebrief der evangelischen Trinitatiskirchengemeinde Endenich, November 1993.

Immer wieder finden sich Interessierte zusammen, die in ihrem Stadtteil der Geschichte der nationalsozialistischen Judenverfolgung nachgehen wollen. Für die Hobbyforscher bringt dieser lokalhistorische Ansatz einen lebendigen und intensiven Zugang zur Geschichte. Der Zwischenbericht einer Arbeitsgemeinschaft der ev. Trinitatisgemeinde über die Juden in Endenich und ihre Schicksale wurde im Gemeindebrief abgedruckt.

Weitere Hinweise

- *Jüdische Professoren s. Kap. 9.*
- *Jüdisches Geistesleben in Bonn 1786-1945* ⇒ *9.12.*
- *Judenverstecke am Kloster* ⇒ *7.1.*
- *Justiz und NS-Verbrechen, Das Schicksal der Jüdin Merkelbach* ⇒ *3.6*
- *Schicksal jüdischer Rechtsanwälte in Bonn und Bad Godesberg* ⇒ *4.8*

11. Eugenik

Nach 1933 entstanden in Bonn durch die Förderung von erbbiologischen Forschungen an der Universität, durch die Arbeit der Rheinischen Provinzial Heil- und Pflegeanstalt sowie durch die Maßnahmen des Erbgesundheitsgerichts Zentren, die sich die „erbbiologische Gesunderhaltung des Volkes" zum Ziele setzten. Tausende von – wirklich oder vermeintlich – psychisch, geistig oder körperlich Kranken wurden zwangssterilisiert; später kulminierte die NS-Politik in der Vernichtung dieses sog. „lebensunwerten Lebens" („Euthanasie"). Eine Gesamtdarstellung dessen, was auf diesem Felde in Bonn geschah, fehlt noch – die hier genannten Publikationen zeigen jedoch den Umfang des Themas auf.

Tötungsanstalt Hadamar, 1941, in der auch Bonner PatientInnen ermordet wurden.

11. Eugenik

11.1. Bab, Bettina,

Im falschen Moment laut gelacht .... . Beispiele zwangssterilisierter Frauen in Bonn, in: Mitgekriegt. Nationalsozialismus – Krieg – Nachkrieg. Beiträge zur feministischen Theorie und Praxis 41, Köln 1995, S. 33-41.

Im Stadtarchiv Bonn lagern 510 „Krankenakten" von meist Bonner Bürgern und Bürgerinnen, die während der NS-Zeit von Erbgesundheitsgerichten zwangssterilisiert werden sollten. Die Autorin hat sich den Aktenbestand erschlossen und ihn aus frauengeschichtlicher Sicht ausgewertet. In den Kapiteln „Bonner Opfer", „Selbstantrag", „Schwangerschaften", „Medizinischer Verlauf der Zwangssterilisation", „Diagnose: angeborener Schwachsinn", „Persönliche Folgen" und „Ist Wiedergutmachung möglich?" berichtet sie über zwangssterilisierte Bonnerinnen und zeigt in Abgrenzung zur Männer-Zwangssterilisation die jeweiligen frauenspezifischen Aspekte auf.
⇒ 11.2.; 11.8.

11.2. Bothien, Horst-Pierre; Annette Feldmann,

Von der Zwangssterilisation ...

Zwangssterilisationen in Bonn. Zur Arbeit des Erbgesundheitsgerichts Bonn (1934-1944), in: Frauenleben im NS-Alltag, hrsg. v. Annette Kuhn, Pfaffenweiler 1994 (Bonner Studien zur Frauengeschichte Bd. 2), S. 246-254.

1989 wurde im Archiv des Amtsgerichts Bonn die Personenkartei des ehemaligen Erbgesundheitsgerichts Bonn wiederentdeckt. Der Aufsatz wertet die rund 4500 Karteikarten nach verschiedenen Gesichtspunkten statistisch aus und gibt Hinweise auf die Probleme des Forschungsgegenstands.
⇒ 11.1.; 11.8.

11.3. Dieckhöfer, Klemens,

Von der Irrenfürsorge zur wissenschaftlich begründeten Psychiatrie. 100 Jahre Rheinische Landesklinik Bonn, in: Bonner Geschichtsblätter Bd. 35 (1984), S. 215-249.

Kurze Geschichte der Landesklinik mit Nennung der führenden Ärzte und Wissenschaftler. Auch auf die NS-Zeit wird eingegangen (S. 237-243). Über das Schicksal der etwa 300 Patienten und Patientinnen, die 1941 und 1943 in die „Zwischenanstalt" Andernach gebracht wurden und möglicherweise der „Euthanasie"-Aktion zum Opfer fielen, oder über andere NS-Anstaltsopfer wird jedoch nicht viel berichtet. Allerdings: Eine spezielle Studie zur NS-Geschichte der Anstalt – so der Autor – soll noch folgen.
⇒ 11.5; 11.9.; 11.12.

11.4. Grosse, Pascal,

...über die Prov. Heil- und Pflegeanstalt...

Psychiatrie im Nationalsozialismus. Die Provinzial Heil- und Pflegeanstalt Bonn von 1939 bis 1945, Ms., Bonn 1983.

Die Arbeit entstand im Rahmen des Schülerwettbewerbs um den Preis des Bundespräsidenten im Jahre 1983 und gibt einen Einblick in die Geschichte des Krankenhauses unter den Stichworten „Zwangssterilisation", „Erbbiologie" und „Euthanasie". Der Autor gibt zahlreiche Interviews und Dokumente wieder – häufig jedoch ohne Auswertung.

11.5. Hix, Iris-Maria; Bettina Bab,

Die Erbpflege in Wissenschaft und Politik. Verbreitung der eugenischen Idee, in: Frauenleben im NS-Alltag, hrsg. v. Annette Kuhn, Pfaffenweiler 1994 (Bonner Studien zur Frauengeschichte Bd. 2), S. 217-231.

Im „Dritten Reich" war Bonn ein Zentrum der NS-Eugenik in Forschung, Lehre und Praxis. Geprägt wurde dieses Zentrum insbesondere durch den Direktor der Provinzial Heil- und Pflegeanstalt, Pohlisch, und den leitenden Oberarzt des Rh. Prov.-Instituts für psychiatrisch-neurologische Erbforschung, Panse, die außerdem als Universitätsprofessoren tätig waren. Mit diesen Wissenschaftlern, zu denen noch weitere Ärzte und Dozenten zu zählen wären, und durch die wechselseitige Förderung bekam der universitäre Forschungszweig reichsweite, das Erbforschungsinstitut mindestens überregionale Bedeutung. Dies vor allem durch eine großangelegte Datensammlung von „Erbkranken" und „Erbgesunden" mit ihren Familien in der Rheinprovinz – Grundlage weiterer erbbiologischer Behandlung dieser Familien.
⇒ *11.3.; 11.9.; 11.12.*

11.6. Hix, Iris-Maria,

Von der „Fortpflanzungs"- zur „Vernichtungsauslese", in: Frauenleben im NS-Alltag, hrsg. v. Annette Kuhn, Pfaffenweiler 1994 (Bonner Studien zur Frauengeschichte Bd. 2), S. 270-277.

Der mit einem mißverständlichen Titel überschriebene Aufsatz beschäftigt sich vor allem mit zwei NS-Täterinnen, die in Bonn studierten: Zum einen mit Mathilde Weber, die von 1940 bis 1944 die ärztliche Leitung der Heil- und Erziehungsanstalt Kalmenhof innehatte, einer „Kinderfachabteilung", in der zahlreiche kranke Kinder im Rahmen der „Euthanasie"-Aktion durch Luminal (Schlaftabletten) umgebracht wurden. Zum anderen mit Herta Oberheuser, die sich als Lagerärztin aktiv an medizinischen Versuchen mit polnischen Frauen im KZ Ravensbrück beteiligte.

11.7. Hix, Iris-Maria,

Fürsorgerinnen im Dienst der Erbbiologie, in: Frauenleben im NS-Alltag, hrsg. v. Annette Kuhn, Pfaffenweiler 1994 (Bonner Studien zur Frauengeschichte Bd. 2), S. 255-260.

Nach der „Machtergreifung" wurde zunehmend nicht mehr die Bedürftigkeit, sondern die Erbtüchtigkeit zum obersten Kriterium für die Unterstützung sozialer Randgruppen. Das Aufgabenfeld der 8 städtischen Fürsorgerinnen erweiterte sich stetig. Fragen der Erb- und Rassenpflege wurden zu entscheidenden Handlungskriterien. Ab 1938 dem Gesundheitsamt unterstellt, degradierte man die Fürsorgerinnen zu Volkspflegerinnen und damit zu einer Art „ärztlichen Hilfskraft". Der kurze Aufsatz legt die erbbiologischen Grundlagen des NS-Staates anhand der Arbeit der Fürsorgerinnen offen.

11.8. Hix, Iris-Maria,

Zwangssterilisationen: eine spezielle Form der NS-Frauenpolitik, in: Frauenleben im NS-Alltag, hrsg. v. Annette Kuhn, Pfaffenweiler 1994 (Bonner Studien zur Frauengeschichte Bd. 2), S. 232-245.

Nach einem Blick auf die praktische Durchführung der Zwangssterilisation in Bonn problematisiert die Autorin an Beispielen die häufigste erbbiologische Diagnose: den „angeborenen Schwachsinn". Wichtig sind auch ihre Bemerkungen zur Zwangssterilisation von farbigen Mischlingen im Rheinland („Rheinlandbastarde") und zur „Röntgen- und Radiumkastration". Sie kommt zu dem Schluß, daß in „einer Zeit, in der Muttersein als höchstes weibliches Ideal galt, (die zwangssterilisierten) Frauen – ungleich stärker als Männer – in ihrer Identität verstümmelt und reduziert" waren.
⇒ *11.1.; 11.2.*

11.9. Justiz und NS-Verbrechen.

... zur „Euthanasie".

Sammlung deutscher Strafurteile wegen nationalsozialistischer Tötungsverbrechen 1945-1966, Redaktion Fritz Bauer und Karl-Dietrich Bracher, Amsterdam 1968 f., Bd. IV (Lfd. Nr. 191, Urteil gegen Panse und Pohlisch wegen „Euthanasie").

In dem „Euthanasie"-Nachkriegsprozeß gegen den Direktor der Prov. Heil- und Pflegeanstalt, Pohlisch, und den leitenden Arzt des Rh. Prov.-Instituts für psychiatrisch-neurologische Erbforschung, Panse, kam das Landgericht Düsseldorf 1950 zu folgendem Urteil: „Beide haben beim Ausfüllen der Fragebögen in Bonn nicht mitgewirkt. Der Angeklagte Pohlisch war damals tatsächlich von seinen Dienstgeschäften als Direktor der Anstalt infolge militärischen Dienstes gänzlich entbunden, und der Angeklagte Panse hat überhaupt keine ärztliche Tätigkeit an dieser Anstalt ausgeübt. Damit entfällt aber eine strafbare Verantwortlichkeit der beiden Angeklagten für diese Geschehnisse." Das Urteil klärt zwar nicht den Beitrag der Bonner Anstalt zur „Euthanasie"-Aktion auf, macht aber deren allgemeinen Ablauf vor dem Hintergrund des Tuns der Angeklagten deutlich.
⇒ *11.3.; 11.5.; 11.12.*

11.10. Justiz und NS-Verbrechen.

Sammlung deutscher Strafurteile wegen nationalsozialistischer Tötungsverbrechen 1945-1966, Redaktion Fritz Bauer und Karl-Dietrich Bracher, Amsterdam 1968 f., Bd. VII (Lfd. Nr. 225) und Bd. XXII (Lfd. Nr. 609, Urteil gegen Anstaltsärzte der Andernacher Prov. Heil- und Pflegeanstalt wegen „Euthanasie").

Von der Bonner Prov. Heil- und Pflegeanstalt gingen zwischen 1941 und 1943 mindestens 6 Transporte mit Patienten und Patientinnen in die sog. „Zwischenanstalt" nach Andernach. Von hier erfolgte der Weitertransport der meisten in die „Euthanasie"-Anstalt Hadamar oder andere Tötungsanstalten im Osten. In Prozessen gegen den Leiter, einen Abteilungsarzt und eine Abteilungsärztin versuchte man die Bedeutung und die Funktion der Andernacher Anstalt aufzudecken und erhielt somit auch Hinweise auf die Schicksale von Bonner Patienten und Patientinnen.

11.11. Orth, Linda,

Die Transportkinder aus Bonn. „Kindereuthanasie", mit einem Beitrag v. Paul-Günter Schulte, Köln 1989 (Archivberatungsstelle Rheinland Rheinprovinz 3).

Die Autorin geht den Schicksalen der Transportkinder aus Bonn nach: Dies waren kranke Kinder, die von der Bonner Rheinischen Landesklinik für Jugendpsychiatrie zwischen 1941 und 1944 direkt oder über Umwege in Kinder-„Euthanasie"-Tötungsanstalten verbracht wurden. Mindestens 113 Pfleglinge starben in den „Kinderfachabteilungen" Waldniel, Kalmenhof und Eichberg, in die sie von Bonn aus geschickt worden waren. Weitere Bonner Kinder wurden nach Zwischenaufenthalten in anderen Anstalten getötet. Das Buch illustriert die grauenvolle Mordaktion an diesen kranken Kindern.

11.12. Orth, Linda,

Erbbiologische Forschung in Bonn, in: De Schnüss 1/1988.

Kritischer Artikel über die Gedankenwelt des damaligen Leiters des Rh. Prov.-Instituts für psychiatrisch-neurologische Erbforschung, Panse, und des Direktors der Prov. Heil- und Pflegeanstalt, Pohlisch. Beide wurden im Düsseldorfer „Euthanasie"-Prozeß 1950 zwar freigesprochen, dennoch hatten sie sich in den Dienst der inhumanen NS-Erbpflege gestellt.
⇒ 11.3.; 11.5.; 11.9.

Kurt Pohlisch

Weitere Hinweise

– Orth, Psychiatrisierte Zwangsarbeiterinnen (13.5.)

12. Sinti und Roma

Auch in Bonn – besonders in der damaligen „Altstadt" – lebten Sinti. Über ihr Leben und ihr Schicksal ist wenig bekannt; Dokumente, Fotos und Zeitzeugenberichte sind kaum vorhanden. Der Aufsatz von Bettina Bab und Erhard Stang (12.1.) faßt die wichtigsten Informationen zusammen.

Lydia Franz mit ihrem Sohn Karl, 1938.
Beide wurden 1943 in Auschwitz ermordet.

12. Sinti und Roma

Franz und Lucia Reinhardt

12.1. Bab, Bettina; Erhard Stang,

Sinti und Roma in der Region Bonn. „Aufenthalt hat hier keine derartige Familie genommen ...", in: „Es treibt mich die Nötigung des Lebens ...". Fremde in Bonn. Ein historisches Lesebuch, hrsg. v. d. Bonner Geschichtswerkstatt, Bonn 1994, S. 82-91.

Der Aufsatz faßt die spärlichen Quellen und die Literatur über Bonner Sinti und Roma vom 19. Jahrhundert bis zur Gegenwart zusammen. In der Passage „NS-Zeit" berichten Bab und Stang kurz über das wenige Bekannte. Stichworte für Bonn sind: Zigeunerorchester in Bonn 1937, Schicksal von Franz Reinhardt 1938/40, Sinti-Haus in der Engelthalstr. 6, Umsiedlungsaktion im Mai 1940, Ermordung in Auschwitz.

Weitere Hinweise

— In einigen Publikationen wird kurz über das Leben und das Schicksal von Bonner Sinti berichtet: ⇒ 1.5.; 1.6.; 8.4.

13. „FremdarbeiterInnen"

Mit Kriegsausbruch kam eine große Anzahl von Kriegsgefangenen, Zwangsarbeitern und Zwangsarbeiterinnen nach Bonn. Ihre Lebens- und Arbeitsbedingungen waren unterschiedlich (am schlechtesten wurden die sogenannten „Ostarbeiter" und Polen behandelt). Eine erschöpfende Gesamtdarstellung des Themas fehlt bislang. Dank der Forschungen der aus Polen stammenden Historikerin Jolanta Altman-Radwanska ist über die Lage der polnischen Kriegsgefangenen und Zwangsarbeiterinnen in Bonn einiges bekannt.

Verschleppte ukrainische Zwangsarbeiterinnen der Bonner Soennecken-Fabrik, 1943.

Polnische Zwangsarbeiterin Woitylak

13.1. Altman-Radwanska, Jolanta,

Fotos polnischer Zwangsarbeiterinnen aus Beuel. „ ... guck, wie ich erwachsen und gesund aussehe.", in: „Die Beueler Seite ist nun einmal die Sonnenseite ...". Ein historisches Lesebuch, hrsg. v. d. Bonner Geschichtswerkstatt, Bonn 1996, S. 96-102.

Es ist keine leichte Aufgabe, eine Deutung privater Fotos von polnischen Zwangsarbeiterinnen vorzunehmen. Die Autorin untersucht solche Fotos, die damals von den Zwangsarbeiterinnen der Beueler Jutespinnerei in ihre Heimat geschickt wurden. Auf ihnen zeigen sich die jungen Frauen möglichst gesund und fröhlich, um die Angehörigen zu beruhigen. Ein Fotograf aus Beuel, dem die Frauen vertrauten, inszenierte diese „schönen Fotos". Die Autorin konnte in Kontakt mit ehemaligen Zwangsarbeiterinnen treten und kommt so zu einer kritischen Interpretation der Aufnahmen. Darüber hinaus gibt sie Einblicke in das damalige Leben der jungen Frauen in Beuel.
⇒ *13.3.; 13.8.*

13.2. Altman-Radwanska, Jolanta,

Kriegsgefangene Polen in Bonn und Umgebung im 2. Weltkrieg. Hardthöhe einmal anders, in: „Es treibt mich die Nötigung des Lebens ...". Fremde in Bonn. Ein historisches Lesebuch, hrsg. v. d. Bonner Geschichtswerkstatt, Bonn 1994, S. 66-74.

Die Autorin beschäftigt sich mit dem Stammlager (Stalag) VI G auf der Bonner Hardthöhe, in dem Zehntausende von Kriegsgefangenen verschiedener Nationalität gefangengehalten und auf verschiedene Arbeitskommandos verteilt wurden. Ihr besonderes Augenmerk gilt den polnischen Offiziersanwärtern, die vornehmlich in Elsenborn bei Euskirchen und Hoffnungsthal bei Rösrath arbeiten mußten. Dabei gibt sie einen Einblick in die „Lagergesellschaft" und berichtet u. a. über die Fluchtversuche der polnischen Offiziere, die als Offizierspflicht galten. Als Quelle werden auch Zeitzeugenberichte hinzugezogen.

13.3. Altman-Radwanska, Jolanta,

„Zwangsbonnerinnen". Erinnerungen polnischer Frauen nach 50 Jahren, in: Frauenleben im NS-Alltag, hrsg. v. Annette Kuhn, Pfaffenweiler 1994 (Bonner Studien zur Frauengeschichte Bd. 2), S. 321-363.

Altman-Radwanska beschäftigt sich mit dem Einsatz polnischer Zwangsarbeiterinnen in Bonn und berichtet in verschiedenen Kapiteln über die Verschleppung aus Polen nach Bonn, den Einsatz in der Industrie, in der Landwirtschaft und als Hausmädchen. Darüber hinaus macht sie auf die besondere Situation der Frauen während der Schwangerschaft und als Mutter aufmerksam und berichtet über die Angst der Verschleppten im Bombenkrieg. Der Text verbindet die allgemeine Darstellung mit eindrücklichen Schilderungen noch lebender Zeitzeuginnen aus Polen.
⇒ *13.1.; 13.8.*

13.4. Augusti, Kathrin; Jan Busch; Michaela Orizu,

Auf dem Finkenberg hingerichtet

Fremdarbeiter, in: Bonn. 54 Kapitel Stadtgeschichte, hrsg. von Josef Matzerath, Bonn 1989, S. 309-312.

Die drei SchülerInnen der Gesamtschule Beuel berichten über ein erfolgreiches Projekt: Thema war die Hinrichtung polnischer Zwangsarbeiter auf dem Finkenberg. Nach ihren historischen Recherchen forderten die SchülerInnen die Anbringung einer Gedenktafel. Sie lernten viel, ein Stück Heimatgeschichte wurde ins Bewußtsein der Bevölkerung gebracht.

13.5. Orth, Linda,

Psychiatrisierte Zwangsarbeiterinnen in Bonn, in: Frauenleben im NS-Alltag, hrsg. v. Annette Kuhn, Pfaffenweiler 1994 (Bonner Studien zur Frauengeschichte Bd. 2), S. 261-269.

Wirklich und vermeintlich geisteskranke Zwangsarbeiterinnen wurden während des Krieges in der Prov. Heil- und Pflegeanstalt auf ihre Arbeitsfähigkeit hin überprüft. Stellten die Ärzte fest, daß sie nicht mehr arbeitsfähig waren, folgte bis Mitte 1943 die Abschiebung ins Heimatland, später drohte die Einweisung in „Sonderlager", d. h. Tötungslager. Insgesamt 159 „geisteskranke" Frauen wurden nach einer solchen Diagnose in die Bonner Heilanstalt eingewiesen; die Autorin faßt das vorhandene Quellenmaterial zusammen.

13.6. Seebacher, Johanna,

Zwangsarbeit 1939-1945: „Europäische Arbeiter schaffen für den Sieg", in: „.... tranken dünnen Kaffee und aßen Platz dazu". Leben in der Bonner Nordstadt 1850-1990, hrsg. v. d. Bonner Geschichtswerkstatt, Bonn 1991, S. 105-110.

Die Autorin trägt die wenigen Informationen zusammen, die über Zwangsarbeiter und Zwangsarbeiterinnen in der Bonner Nordstadt vorhanden sind. Dabei wird auf das „Arbeitsunterkunfts-Lager Kohle" in der Kölnstraße, das Lager der Vereinigten Leichtmetallwerke und das Lager „für unheilbar geisteskranke Ostarbeiter und Polen" in der Kölnstraße 208 eingegangen. Auch über die Lebensbedingungen einzelner, als Hausgehilfinnen eingesetzter Zwangsarbeiterinnen wird berichtet.
⇒ *13.7.*

13.7. Seebacher, Johanna,

„Vor Maschinen stelle ich keine deutschen Frauen" (Sauckel). Ausländische Zwangsarbeiterinnen in Bonn 1939-1945, in: Frauenleben im NS-Alltag, hrsg. v. Annette Kuhn, Pfaffenweiler 1994 (Bonner Studien zur Frauengeschichte Bd. 2), S. 97-131.

Eine Gesamtdarstellung des Themas „Zwangsarbeiter und Zwangsarbeiterinnen in Bonn" liegt noch nicht vor. Die Autorin versucht, die vorhandenen Informationen ein wenig zu ordnen. Neben einem statistischen Teil (Gesamtzahl, Alter, Zuzug pro Jahr, Frauenanteil) zeigt sie auf, wo die Menschen eingesetzt waren (z. B. Verei-

nigte Leichtmetallwerke, Fa. Soennecken, Beueler Jutespinnerei, als Hausgehilfinnen, in der Landwirtschaft), und verweist immer wieder auf Beispiele. Weitere besondere Themen sind die Kinder von Zwangsarbeiterinnen, die „Ausländerkinderpflegestätte" Alfter, intime Beziehungen zwischen Deutschen und „Fremdvölkischen", Gründe für Krankheit und Tod, Flucht und Selbstmord. Interessant auch der Anhang: eine Liste von Sammelunterkünften im Alt-Bonner Stadtgebiet.
⇒ 13.6.

13.8. Vogt, Helmut,
Die Beueler Jutespinnerei und ihre Arbeiter 1868-1961, Bonn 1990 (Veröffentlichungen des Stadtarchivs Bonn Bd. 46).

Nur in wenigen Unternehmensgeschichten wird auf das Thema „ZwangsarbeiterInnen" kritisch eingegangen. Vogt recherchierte auch in dieser Richtung und faßte das spärliche Material über das „Ostarbeiter Lager" bei der Beueler Jutespinnerei zusammen.
⇒ 13.1.; 13.3.

Polnischer Zwangsarbeiter vor der Jutespinnerei

14. Militär, Zweiter Weltkrieg und Kriegsende

Der Bombenkrieg und die Besetzung durch alliierte Truppen waren tief einschneidende Erlebnisse, die für die Beteiligten noch bis heute keineswegs vergessen sind. Auf die nachfolgende Generation üben diese Themen, die mit Tod, Überlebenskampf und Angst verbunden werden, eine gewisse Faszination aus. Zahlreiche Publikationen beschreiben diese außergewöhnlichen Ereignisse und Erlebnisse. Weniger Interesse fand bislang der Alltag an der sogenannten „Heimatfront": Wie wurde das Leben im Krieg organisiert? Welche außerordentlichen Maßnahmen gab es, und welche Auswirkungen hatten sie? Wie wirkten sich die zahlreichen Kriegsverordnungen aus? Diese und andere Fragen müßten von der Lokalgeschichtsforschung noch näher untersucht werden.

Die zerstörte Bonner Altstadt auf einer Luftaufnahme der Amerikaner vom 25. April 1945.

14. Militär/ Zweiter Weltkrieg/ Kriegsende

18. 10. 1944: Zerstörung der Innenstadt

14.1. Aders, Gebhard,

Der Luftangriff auf Bonn am 18. Oktober 1944. Der Versuch einer Rekonstruktion nach englischen Quellen, in: Bonn im Bombenkrieg (⇒ 14.5.), S. 50-72.

Der 18. Oktober 1944 hat sich als das Datum der Zerstörung Bonns in das Bewußtsein der Bevölkerung eingeprägt. Man zählte 300 Tote, 1000 Verwundete und 20 000 Obdachlose. Die vergleichsweise gering zerstörte Bonner Altstadt fiel knapp 5 Monate vor ihrer Besetzung in Schutt und Asche. Für die Alliierten war der Bombenangriff ein Puzzle im großen Krieg gegen Hitlerdeutschland; der Bonner Bevölkerung brachte er unsäglich viel Leid, Not und Trauer. Aders beschäftigt sich in seinem fundierten Aufsatz mit dem Angriff und seiner Vor- und Nachgeschichte.
⇒ 14.5.; 14.13.

14.2. Aders, Gebhard,

Die Einnahme Bonns durch amerikanische Truppen am 8. März 1945. Aus dem Englischen übersetzt und erläutert, in: Bonner Geschichtsblätter Bd. 42 (1992), S. 591-606.

Im Mittelpunkt des Aufsatzes stehen Ausschnitte aus der Regimentsgeschichte des 16. US-Infanterieregiments von John W. Baumgartner und der Divisionsgeschichte der 1. US-Infanteriedivision von H. R. Knickerbocker. Ähnlich einem Kriegstagebuch beschreiben die beiden Veröffentlichungen vor allem die militärischen Geschehnisse um den 8. März aus amerikanischer Sicht. Aders übersetzte die Texte und gibt hilfreiche Anmerkungen.

14.3. Bab, Bettina,

„Frauen helfen siegen", in: Frauenleben im NS-Alltag, hrsg. v. Annette Kuhn, Pfaffenweiler 1994 (Bonner Studien zur Frauengeschichte Bd. 2), S. 65-96.

In der Lokalgeschichtsforschung ist bisher die Beschreibung des „Funktionierens" der sog. „Heimatfront" zu kurz gekommen. Die Autorin versucht hier eine Lücke zu schließen, indem sie dem kriegsbedingten Einsatz von Frauen im Haushalt und in der Fabrik nachspürt. Im Bereich des Haushalts wurde die Frau durch vielseitige Propagandatätigkeit dazu aufgefordert, Sparsamkeit zu üben, als tüchtige, gebärfreudige Mutter ihre Söhne in den Krieg ziehen zu lassen und Ehrendienste zu leisten. Die Hausarbeit gewann im Krieg „immer größere politische Bedeutung" und sollte das nationalsozialistische Bild von der Rolle der Frau im Staate festigen. In der Erwerbstätigkeit dagegen spielten die Frauen immer mehr die Rolle eines Lückenbüßers für die eingezogenen Männer, wobei eine „Diskrepanz zwischen der propagierten Volksgemeinschaft und der Ausbeutung von Frauen aus der Arbeiterschicht" zu beobachten ist. Die Autorin, die den Anspruch, die Dynamik und die Wirklichkeit der NS-Frauenpolitik im Krieg in einen Zusammenhang stellt, greift immer wieder auf Bonner Quellen zurück.

Amerikanischer Soldat, Ecke Hundsgasse und Brückenstraße, 1945

14.4. Die Besetzung der Stadt Bonn,
in: Wissenschaftliche Stadtbibliothek I e 326, Ms. (Bonn 1971).

Vier Zeitzeugen, damals in hohen Verwaltungspositionen stehende Beamte (Polizeichef Brandt, Stadtoberinspektor Dorlass, Dezernent Horster, Sekretär Brabeck), berichten über die letzten Monate des Krieges in Bonn. Da sie selbst an den Verhandlungen mit den eingerückten Amerikanern beteiligt waren, geben sie eine hautnahe und anschauliche Beschreibung von der Übergabe der zivilen Stadtverwaltung an die Amerikaner. Bemerkenswert: Die Übergabeverhandlungen begannen mit der Frage der Amerikaner: „Steht das Beethovenhaus noch ...?"

14.5. Bonn im Bombenkrieg.
Zeitgenössische Aufzeichnungen und Erinnerungsberichte von Augenzeugen, bearbeitet und hrsg. v. Helmut Vogt unter Mitarbeit v. Anneliese Barbara Baum, Bonn 1989, 1994 (Veröffentlichungen des Stadtarchivs Bonn Bd. 42 bzw. Bonner Geschichtsblätter Bd. 38).

In diesem Band sind zeitgenössische Aufzeichnungen und die von Anneliese Barbara Baum gesammelten ZeitzeugInnenberichte über den Krieg in Bonn abgedruckt. Sie geben insgesamt einen eindrucksvollen Einblick in die Kriegssituation aus der Sicht der betroffenen Bonner Bevölkerung. Die Berichte sind nach folgenden örtlichen, zeitlichen und inhaltlichen Schwerpunkten geordnet: Beuel/ Oberkassel - Bad Godesberg - Bonn: Schwerpunkt 1940/41 - Schwerpunkt 1943/44 - Der 18. Oktober 1944: Nordstadt/ Weststadt - Kessenich/ Dottendorf - Koblenzer Straße/ Südstadt/ Poppelsdorf - Innenstadt - Nach dem 18. Oktober 1944 - Retter und Gerettete/ Flak/ Evakuierung.
⇒ *14.1.; 14.13.; 14.16.*

14.6. Bonn. Kriegsende 1945,
hrsg. v. Erich Stollfuß, Text- und Bilderauswahl Ilse Riemer und Paul Metzger, Bonn (1975) (Altbonner Bilder und Geschichten).

Eine kurze Chronik der Ereignisse von März bis Juni 1945 mit vielen wichtigen Fotos von der Zerstörung und Besetzung Bonns.

14.7. Bonn und seine Soldaten.
Geschichte der Garnison Bonn und der Heeresversorgung seit Aufstellung der stehenden Heere, hrsg. durch das Stabs- und Versorgungsbataillon des Bundesministers der Verteidigung von Dieter Zeigert, Bonn 1985.

Das Heft gibt in den Beiträgen von Rolf Blatzheim und Dieter Zeigert einen kurzen Überblick über Bonn als Garnisonsstandort. Mit der Remilitarisierung des Rheinlands 1936 wurden auch nach Bonn wieder Truppenteile verlagert, alte Kasernen wieder belegt, weitere – wie die Troilo-, Gallwitz- und Göring-Kaserne – neu errichtet. Am 19./ 20. März 1939 feierte Bonn „seine Soldaten" mit dem „Tag der Wehrmacht". „Dieser Werbefeldzug", so der Autor Blatzheim, „wurde ein großer Erfolg, der vielen Bonnern noch lange im Gedächtnis geblieben ist."

Liste der Bombenopfer

14.8. Bonn – Zerstörung und Aufbau.
18. Oktober 1944 – Zehn Jahre danach. Sonderbeilage des General-Anzeigers für Bonn und Umgebung v. 16./17. Oktober 1954.

Immer wieder erscheinen in Bonner Zeitungen zu bestimmten Jahrestagen Sonderseiten oder Sonderbeilagen. Sie wurden in diese Bibliographie mit wenigen Ausnahmen nicht aufgenommen. Die hier genannte ist ein Beispiel dafür, daß gerade auch in älteren Zeitungen Informationen zu Krieg und Kriegsende zu finden sind, die zum Teil wieder in Vergessenheit gerieten. Dazu tritt oft eine interessante Bebilderung. Besonders erwähnenswert hier: Eine Namensliste von 1161 der insgesamt 1564 Bonner Luftkriegsopfer.

14.9. Hey, Willi,
Oberkassel im Krieg und in der Nachkriegszeit (1939-1948), Bonn 1995 (Nr. 12 der Schriftenreihe des Heimatvereins Bonn-Oberkassel e.V.).

Für die Geschichte von Oberkassel im genannten Zeitraum bietet das Heft viele interessante und wenig bekannte Fakten. Kriegsvorbereitungen, Luftangriffe, gefallene Soldaten, Versorgungslage, Kirchen, NSDAP, Kriegsende, Besatzung, Displaced Persons-Camp, Entnazifizierung, Schwarzmarkt, Vertriebene und Währungsreform sind nur einige Themen, die der Autor anspricht und mit eindrucksvollen Fotos illustriert. Auch die beigebrachten Zeitzeugen- und Dokumentenzitate machen die Schrift ansprechend. Allerdings: Die Anmerkungen zu den vielen Stichworten sind für die Ortsgeschichte nicht immer sehr aussagekräftig.

Kriegsende in Bad Godesberg

14.10. Jung, Dietrich; Herbert Strack,
8. März 1945 – Kriegsende für Bad Godesberg, in: Godesberger Heimatblätter Bd. 23 (1985), S. 13-85.

Nach einer zuerst allgemeinen, dann enger auf den 7. und 8. März 1945 begrenzten Chronik der Besetzung Bad Godesbergs von D. Jung (S.13-22) folgen von H. Strack ausgewählte Dokumente zu den Geschehnissen, vor allem Berichte der Beteiligten (z. B. stellv. Bürgermeister Ditz, führende Polizeioffiziere und Militärs, Generalkonsul von Weiss, Dolmetscherin Steeg und v. a. m.). Die Berichte verdeutlichen die Dramatik der ansonsten fast unblutig vollzogenen Einnahme von Bad Godesberg.
⇒ 14.11.

14.11. Kriegsende und Neuanfang am Rhein.
Konrad Adenauer in den Berichten des Schweizer Generalkonsuls Franz-Rudolph von Weiss 1944-1945, hrsg. v. Hanns Jürgen Küsters und Hans Peter Mensing, München 1986 (Biographische Quellen zur deutschen Geschichte nach 1945 Bd. 4).

Der Generalkonsul der Schweiz von Weiss, der zunächst in Rhöndorf, dann ab März 1945 in Bad Godesberg ansässig war, berichtete über die Lage seines Zuständigkeitsbezirks (besonders über das Gebietsdreieck Königswinter, Bad Godesberg, Bonn und Köln) an die Schweizer Regierung. Die Edition gibt insgesamt 30 seiner

Konsularberichte (vom 26.7.44 bis zum 28.12.45) wieder. Für die Bonn-Forschung weniger wichtig sind seine Berichte über die Kontakte zu Konrad Adenauer. Dagegen geben die Dokumente (insbesondere Dok. 11) anschauliche Einblicke in die Kriegs- und die erste Besatzungsphase in Bad Godesberg und Bonn, wobei von Weiss auch über seine Vermittlungstätigkeit zwischen Alliierten und Deutschen berichtet. Sein größtes Verdienst: „Mit seiner Pendeldiplomatie kann er verschiedene Kontakte herstellen, wodurch schließlich Bad Godesberg, Königswinter und Rhöndorf vor der totalen Zerstörung bewahrt werden."
⇒ 14.10.

14.12. Leuwer, Ruth,

Briefe aus dem Arbeitsdienst 1944/45, o. O. (Bonn), o. J. (1983).

Die siebzehnjährige Ruth mußte 1944 nach bestandenem Abitur den obligaten Reichsarbeitsdienst (RAD) in Houverath/ Eifel ableisten. Aus dem RAD-Lager schrieb sie an ihre Mutter und andere Personen zahlreiche Briefe, die hier veröffentlicht werden. Dabei entsteht ein Eindruck vom Lager-Alltag und der Sorge um Verwandte und Bekannte im bombenbedrohten Bonn. Besonders eindrucksvoll ihr Brief-Bericht über eine Stippvisite ins zerstörte Bonn (Brief v. 1.1.45).

14.13. 18. Oktober 1944.

Fotos und Dokumente über Bonn im Luftkrieg. Begleitheft zur Ausstellung des Stadtmuseums Bonn, hrsg. v. Horst-Pierre Bothien, mit einem Beitrag v. Frank Rehn, Bonn 1994.

Aus Anlaß der Zerstörung Alt-Bonns vor 50 Jahren zeigte das Stadtmuseum Bonn eine Ausstellung über die Auswirkungen des Bombenkrieges. Im Begleitheft sind die wichtigsten Fotos der Ausstellung sowie zwei Aufsätze abgedruckt: Frank Rehn berichtet über „Kriegsvorbereitungen und ‚Heimatfront'", über „Bonn im Luftkrieg" und über den „Alltag im Bombenkrieg", wobei er auch ZeitzeugInnen sprechen läßt. Der Aufsatz von Horst-Pierre Bothien („Vorsicht Foto!") problematisiert den Gehalt und die Aussagekraft der vorhandenen Fotos über den Krieg in Bonn.
⇒ 14.1.; 14.5.; 14.16.

14.14. Schulte, Albert,

Hitler und Chamberlain in Bad Godesberg 1938, in: Godesberger Heimatblätter Bd. 11 (1973), S. 5-71.

Am 22./23. September 1938 trafen sich im Hotel Dreesen der englische Premierminister Chamberlain und Reichskanzler Adolf Hitler, um über die sog. Sudetenkrise zu verhandeln. Hitler forderte die Angliederung des tschechoslowakischen Sudetengebietes an Deutschland. Der drohende Krieg konnte durch das „Münchener Abkommen" am 29./30. September – ohne Mitsprache und auf Kosten der Tschechoslowakei – noch einmal abgewendet werden. Minuziös stellt der Autor die Vorgeschichte, den Verlauf und den Abschluß der „turbulenten Godesberger Tage" dar. Er zieht dabei Schilderungen von Augenzeugen (z. B. der Dolmetscher) sowie deutsche und englische Zeitungsberichte heran. Die Darstellung ist besonders im ersten Teil lokalgeschichtlich

Hitler und Chamberlain, Bad Godesberg 1938

interessant: Hier steht die „Bad Godesberger Atmosphäre" im Blickpunkt – etwa im Kapitel 1, in dem es um Hitlers Beziehungen zum Rheinhotel Dreesen geht, oder in den Kapiteln 4 bis 6, in denen die Reaktionen der Bevölkerung auf den Besuch der Staatsmänner beschrieben werden. Wie Hitler seine machtpolitischen Ziele gegenüber der Chamberlainschen „Appeasementpolitik" in Bad Godesberg prinzipiell durchsetzte, wird zwar spannend erzählt, hat aber wenig mit dem Verhandlungsort zu tun. Eine Textstraffung und die Verbannung von Nebensächlichkeiten in den Anmerkungsapparat hätte die Darstellung noch runder gemacht.

14.15. Schmitz, Johann Ignaz; Karl Zengerle,

Chronik der Besetzung des Bonner Raums

Die Besetzung des Landkreises Bonn durch die Amerikaner im März 1945, in: Heimatbuch des Landkreises Bonn Bd. 1, hrsg. v. Landkreis Bonn, Bonn 1958, S. 203-234.

Der Aufsatz basiert auf Berichten von Lehrern und Bürgermeistern, die von der Kreisverwaltung beauftragt waren, ihre Erlebnisse niederzuschreiben. Auch wenn – wie konstatiert wird – nicht immer widerspruchsfrei, ist eine erstaunlich anschauliche Chronik der Besetzung des Landkreises Bonn entstanden. Sie beginnt mit der Einnahme Walbergs und Kuchenheims am 5. März und endet mit der Besetzung Vilich-Müldorfs am 21. März 1945. In Kapiteln wie „Vorstoß aus dem Raum Euskirchen", „Wettlauf um den Rheinübergang (bei Remagen)", „Auf den Höhen vor Bonn", „Kriegsende in Bad Godesberg" und „Das Ende der ,Festung' Beuel" beschreiben die Autoren chronologisch, aber keinesfalls trocken die Vorstöße der Amerikaner von Norden und Nordwesten nach Bonn und Bad Godesberg und über die Remagener Brücke von Süden nach Beuel.

14.16. Vogt, Helmut,

Überblicksdarstellung

Bonn 1939 bis 1945: Ein Überblick, in: Bonn im Bombenkrieg (⇒ 14.5.), S. 14-49.

Bonn im Krieg

Als Einführung zum Buch „Bonn im Bombenkrieg", in dem vor allem zeitgenössische Aufzeichnungen und Erinnerungsberichte abgedruckt sind, gibt Vogt einen kurzen, prägnanten, daten- und faktenreichen Überblick über den Krieg in Bonn mit seinen Folgen und Auswirkungen (Kapitelüberschriften: Kriegsvorbereitungen, Kriegsausbruch, Versorgung, Luftschutzbauten, Angriffe, Auswirkungen des Bombenkrieges, Ende des Dritten Reiches, Bilanz).
⇒ *14.1.; 14.5.; 14.13.*

14.17. Vogt, Helmut,

Das 5. Luftschutzrevier von Bonn: Die Industriegemeinde Beuel im Bombenkrieg, Bonn 1994 (Studien zur Heimatgeschichte des Stadtbezirks Bonn-Beuel Heft 29).

Beuel im Krieg

Nach einer Einleitung, in der unter den Überschriften „Die Ausgangslage", „Kriegsausbruch 1939", „Ziviler Luftschutz", „Die ersten Kriegsjahre in Beuel", „Die letzten eineinhalb Kriegsjahre", „Die letzten Wochen vor der Eroberung" und „Versuch einer Bilanz" ein tiefergehender Einblick in die Kriegssituation in Beuel gegeben wird, zieht Vogt 38 zeitgenössische Quellen bzw. eine Reihe von Schilderungen aus der direkten Nachkriegszeit zur Illustration heran. In Erweiterung der das unsägliche Leid vermittelnden Berichtsammlung „Bonn im Bombenkrieg" (⇒ 14.5.) erschließen die hier ausgewählten Dokumente – so Vogt – „ ... stärker die durchaus widersprüchlichen Denkweisen und Verhaltensmuster der Zeit: Ängstliche Vorsicht und unverhohlene Sensationslust, begründete Furcht und irrationale Hoffnung, Improvisationskunst und Lethargie liegen jeweils sehr nahe beieinander; ...".

Weitere Hinweise

- Über Bonner Soldaten vor Militärgerichten liegen noch keine Publikationen vor.
- In mehreren, in Kap. 15 (Nachgeschichte) genannten Publikationen sind kurze Rückblicke auf die Kriegszeit zu finden.
- Zahlreiche Bonner Bürger waren von der sich verschärfenden zivilen Kriegsgesetzgebung betroffen. Eine zusammenfassende Publikation liegt hierüber noch nicht vor. Allgemein hierzu ⇒ Sondergerichtsbarkeit 4.6.; Einzelfälle ⇒ 5.2.; 5.14.

15. Nachgeschichte

Die Auswahl der Literatur zum Thema fällt aufgrund der Fülle nicht leicht. Es werden hier deshalb nur Publikationen genannt, die einen engen Bezug zum eigentlichen Thema „NS-Zeit" haben. Es sei darauf hingewiesen, daß sich in mehreren der genannten Publikationen auch Rückblicke auf die Kriegsereignisse befinden.

Beethoven-Denkmal auf dem Münsterplatz, März 1945.

15. Nachgeschichte

DPs =
Displaced Persons

15.1. Bab, Bettina,

Displaced Persons. „Entheimatete Personen im Duisdorfer Ausländerlager", in: „Es treibt mich die Nötigung des Lebens ...". Fremde in Bonn. Ein historisches Lesebuch, hrsg. v. d. Bonner Geschichtswerkstatt, Bonn 1994, S. 75-80.

Die Autorin geht dem in Bonn noch weitgehend unerforschten Thema der „Entheimateten Personen" (engl.: DPs) nach, also denjenigen Ausländern, die im Krieg mit Gewalt nach Deutschland verschleppt wurden und nach ihrer Befreiung die Reise in ihre Heimat ohne Hilfe nicht bewerkstelligen konnten. In Bonn kam es zur Bildung von Sammellagern; die größten befanden sich in den Duisdorfer Kasernen. Im Aufsatz wird auf die katastrophale Situation dieser Menschen im direkten Nachkriegsdeutschland eingegangen; das Thema „Verbrechen der DPs" wird nicht ausgeklammert.

15.2. Bericht über die Verwaltung der Stadt Bad Godesberg

für die Zeit vom 8. März 1945 – 31. März 1947, Bad Godesberg 1947.

Der Bericht beginnt mit einer ausführlichen Darstellung der Besetzung Bad Godesbergs durch die Amerikaner und des Neuaufbaus der Verwaltung. Danach berichten die einzelnen Ämter über ihre Aktivitäten in der direkten Nachkriegszeit. Viele Informationen über die „Stunde Null" in Bad Godesberg, die typischen Nachkriegsprobleme (Stichworte z. B.: Ernährung, Wohnen, Kriegsschäden) werden angesprochen.

15.3. Bildende Kunst in Bonn 1945-1952,

bearb. v. Irene Kleinschmidt-Altpeter, hrsg. v. Städtischen Kunstmuseum Bonn, Bonn 1985 (Kataloge der Städt. Kunstsammlungen 139).

Der Bonner Marktplatz;
Gemälde von Carl Nonn,
1944

In der reichbebilderten Begleitpublikation zur gleichnamigen Ausstellung, die 1985 im Städtischen Kunstmuseum gezeigt wurde, spiegeln sich die künstlerischen Aktivitäten der direkten Nachkriegszeit. Durch die Stadt und die britische Militärregierung gefördert, konnte in und außerhalb von Künstlergruppen eine „heterogene Bonner Künstlerszene", die von länger in Bonn Ansässigen und Hinzugekommenen geprägt war, entstehen. Insgesamt 18 KünstlerInnen werden mit Kurzbiographien und Werkbeispielen vorgestellt. In manch einem Werk werden auch Krieg und Verfolgung „aufgearbeitet".
⇒ *3.10.; 15.9.*

15.4. Bonn 1945-1950.

5 Jahre Stadtverwaltung. Verwaltungsbericht, hrsg. v. d. Stadtverwaltung Bonn, Bonn 1951.

Im Bericht über die Tätigkeit der Verwaltung werden die verschiedenen Aspekte des Wiederentstehens des kommunalen Lebens nach der Besetzung durch die Amerikaner und Briten angesprochen. Es wird Bilanz gezogen, und es werden die wichtigsten Ereignisse der Jahre bzw. die verschiedenen kommunalen Bemühungen um Normalisierung kommentierend aufgelistet. Wie entwickelte sich der Wohnungsbau? Was geschah im

Bereich der Wiedergutmachung? Wie vollzog sich der demokratische Aufbau? Dies sind nur einige Themenkomplexe des inhaltsreichen, vielseitig verwendbaren städtischen Berichts.

15.5. Bonn und die NS-Zeit.

In Gedenken an die Opfer

Die NS-Zeit im Spiegel Bonner Nachkriegszeitungen (1946-1949). Eine Dokumentation bearbeitet v. Horst-Pierre Bothien, hrsg. v. Verein An der Synagoge, Bonn 1990.

Eine Sammlung von Zeitungsartikeln aus der direkten Nachkriegszeit (1945-1949), die sich mit der NS-Zeit in Bonn beschäftigen. Im Mittelpunkt der Meldungen und Kommentare stehen Nachkriegsprozesse gegen Bonner NS-Funktionäre, Gedenken an die Opfer und Wiedergutmachungsforderungen der Verfolgtenverbände.

15.6. Bonn zwischen Kriegsende und Währungsreform.

Erinnerungsberichte von Zeitzeugen. Gesammelt von Anneliese Barbara Baum, bearb. und hrsg. v. Reiner Pommerin unter Mitarbeit von Frank-Lothar Kroll, Bonn 1991 (Veröffentlichungen des Stadtarchivs Bd. 50 bzw. Bonner Geschichtsblätter Bd. 41).

Enttrümmerung, 1946

Aufgrund des großen Erfolges der Erinnerungssammlung „Bonn im Bombenkrieg" (⇒ 14.5.) war bald die Idee geboren, Erinnerungen von Bonnern und Bonnerinnen über die direkte Nachkriegszeit zu veröffentlichen. Barbara Baum sammelte und schrieb auf, der Herausgeber ordnete das Material und ließ es nach folgenden Themen geordnet veröffentlichen: Kriegsende in Bonn, Kriegsgefangenschaft am Rhein, Alltag in Trümmern, Kampf ums tägliche Brot, Arbeit und Wiederaufbau, Gefährliche Kinderspiele, Schule, Universität, Kulturelles Leben, Kirche und Währungsreform. Die Berichte geben detaillierte und lebensnahe Einblicke in die Bonner Nachkriegsgeschichte. Sie können allerdings, so auch der Herausgeber, „nicht als Ersatz für die Lektüre einer historischen Darstellung zur Nachkriegsgeschichte" dienen.

15.7. (Einhundertfünfzig) 150 Jahre: Klassenuniversität, reaktionäre Herrschaft und demokratischer Widerstand am Beispiel der Universität Bonn,

hrsg. v. der Studentengewerkschaft Bonn, Bonn 1968.

Heinz Gatermann (S. 24-28) und Alfred Gecks (S. 29-36) erinnern sich an ihre politischen Aktivitäten an der Bonner Universität der direkten Nachkriegszeit.
⇒ *15.8.; 15.16.*

15.8. Horn, Joachim,

Der Wiederaufbau der Universität Bonn 1945-1947, Staatsexamensarbeit, Bonn o. J. (wahrscheinlich 1986).

Vor dem Hintergrund alliierter Besatzungspolitik in Bonn bemühte man sich schon sehr früh, nämlich Ende März 1945, den Lehrbetrieb an der Universität wieder aufzunehmen. Bis dieses im Wintersemester 1945/46 geschehen konnte, mußten die verwaltungstechnischen, politischen und materiellen Voraussetzungen ge-

schaffen sein. Minuziös beschreibt der Autor die ersten beiden Jahre des Wiederaufbaus der Universität: Die internen Reorganisationsmaßnahmen der Universität, die Verhandlungen mit den Alliierten und der Stadt Bonn, die Rolle einiger Professoren (z. B. Prof. Konen), die Zulassungsbedingungen für Studenten – dies sind nur einige Themen dieser interessanten Arbeit; im speziellen Themenzusammenhang „NS-Zeit" sind besonders die Kapitel und Passagen über die „Entnazifizierung der Universität" zu nennen.
⇒ *15.7.*

15.9. Kroll, Frank-Lothar,

Kriegsende und Neubeginn am Rhein. Zur Entwicklung des Bonner Kulturlebens in der Besatzungszeit 1945-1948, in: Bonn zwischen Kriegsende und Währungsreform (⇒ 15.6.), S. 35-69.

Erstaunlich schnell formierte sich das kulturelle Leben nach dem Zusammenbruch des „Dritten Reiches". Kroll sieht hierfür insbesondere zwei Gründe: Nachholbedarf und Ausgleich in der Notzeit. Im Juli 1945 startete wieder eine Beethoven-Woche, das Theater wurde im Dezember 1945 mit der Aufführung „Nathan der Weise" wiedereröffnet. In dem interessanten Aufsatz berichtet Kroll über das Wiederaufleben einer öffentlichen Musik-, Theater- und Kunstkultur sowie vom Wiederaufbau des Presse-, Verlags- und Buchwesens, der Schulen, der Universität und anderen Bildungseinrichtungen.
⇒ *3.10.; 15.3.*

15.10. Markov, Walter,

„*Ich hatte mich als ‚Auswärtiger' aus freien Stücken eingemischt, um Widerstand an der achtbaren Uni zu stützen: würde das honoriert ...?"*

Neubeginn 1945: Willkommen und Abschied, in: Bonn. 54 Kapitel Stadtgeschichte, hrsg. v. Josef Matzerath, Bonn 1989, S. 323-328.

Markov (⇒ 5.8.) kehrte nach über zehn Jahren politischer Haft nach Bonn zurück und bemühte sich um Wiederbeschäftigung an der Bonner Universität. Er wurde vertröstet und nutzte seine Wartezeit mit AStA-, Kultur- und Verfolgtenarbeit. Als der Wiedereinstieg weiterhin nicht gelang, folgte er im Oktober 1946 einem Angebot der Leipziger Universität. Sein Bericht ist im ironisch-hintergründigen Markov-Stil gehalten.
⇒ *5.8.; 5.11.; 5.12.; 5.15.; 9.4.*

15.11. Müller-Hengstenberg, Herbert,

Vor fünfzig Jahren: Verwalteter Mangel und rationierte Not in Bad Godesberg 1945-1948, in: Godesberger Heimatblätter Bd. 33 (1995), S. 12-20.

Mit Kriegsbeginn 1939 wurden Lebensmittel und andere Güter des täglichen Bedarfs bewirtschaftet. Hieran änderte sich auch nach Kriegsende nichts, mit dem Unterschied, „daß die hinreichend sichere Kriegsversorgung, wenn auch gegen Kriegsende verschlechtert, überraschend geklappt hatte und gewährleistet war, nun aber und besonders 1946-1947 die völlig unzureichenden Zuteilungen zu einer bedrohlichen Notlage mit Hunger und Entbehrungen führten." Eindrucksvoll berichtet der Autor über Soll und Ist bei den Lebensmittelzuteilungen, über Kartensystem, Haushalts-Pässe, über Selbst- und Fremdhilfe – insgesamt über eine Notzeit, die sich erst nach der Währungsreform 1948 fühlbar besserte.

15.12. Neu, Heinrich,
Chronik der Stadt Bonn. 1945, Beuel (o. J.).

Recht zeitnah notiert der Heimatforscher und Zentrumsmann Heinrich Neu auf 10 Seiten in einer Chronik Ereignisse des Jahres 1945. Neben wichtigen politischen Ereignissen beobachtet er auch Alltägliches. Zum Beispiel: „Seit Anfang August erhalten die Kraftfahrzeuge neue Kennzeichen (KÖL, AAC, DÜS statt IZ und IY)."

15.13. Paul, Holger,
Michael Rott. Ein „fast" vergessener Beitrag zum Wiederaufbau der Gewerkschaften in Bonn, in: Bonn. 54 Kapitel Stadtgeschichte, hrsg. v. Josef Matzerath, Bonn 1989, S. 329-336.

Michael Rott, 1898 geboren, lernte das Bäckerhandwerk und kam schon früh mit den christlichen Gewerkschaften und dem Zentrum in Berührung. Er wurde in den 20er und 30er Jahren hauptamtlicher Gewerkschaftssekretär. 1935 entlassen, kehrte er als Bäcker nach Bonn zurück und hielt Kontakt zu Widerstandskreisen der christlichen Gewerkschaften. Nach 1945 spielte Rott eine führende Rolle beim Wiederaufbau des DGBs und der ÖTV in Bonn und in der Nord-Rheinprovinz. Ein Verkehrsunfall beendete seine Karriere als führender Gewerkschaftsfunktionär: Er starb am 19. April 1946 auf der Rückfahrt von einer Gewerkschaftskonferenz in Bremen.
⇒ 15.18.

Michael Rott

15.14. Puvogel, Ulrike; Martin Stankowski; Ursula Graf,
Gedenkstätten für die Opfer des Nationalsozialismus. Eine Dokumentation, Band I, 2. überarbeitete und erweiterte Auflage, Bonn 1995.

Erinnerung und Mahnung

Dieses Handbuch beinhaltet kurze Beschreibungen von öffentlich zugänglichen Gedenkstätten, Mahn- und Erinnerungszeichen der alten Bundesrepublik (außer Berlin) nach Ländern geordnet. Im Kapitel über Bonn (S. 500-508) sind „Gedenkstätten in Bonn mit lokalem Bezug", „Gedenkstätten der ehemaligen Bundeshauptstadt" und „Straßenbenennungen" verzeichnet. Sofern bekannt, werden einzelne Erinnerungstexte zitiert, die jeweilige Entstehungsgeschichte beschrieben, Öffnungszeiten und andere wichtige Hintergrundinformationen gegeben. Die knapp 900seitige Dokumentation eignet sich ideal für die Vorbereitung von lokalen Erinnerungsfahrten an die bedeutungsvollen Orte der NS-Zeit. Der noch nicht erschienene Band II wird die Gedenkstätten der östlichen Bundesländer beschreiben.
⇒ 1.1.

15.15. van Rey, Manfred,
Kontinuität und Wandel. 16 Jahre Begegnungswoche der Stadt Bonn mit ihren ehemaligen verfolgten jüdischen Bürgerinnen und Bürgern, in: Bonner Geschichtsblätter Bd. 43/44 (1993/94; 1996), S. 531-544.

Der Autor berichtet über Entstehungsgeschichte und Verlauf der ersten 16 Begegnungswochen (⇒ 10.7.), die seit 1980 stattfanden. Daß die ehemaligen Bonner Juden und Jüdinnen immer wieder anreisten bzw. Jahr für

Jahr neue Gäste hinzukamen, lag sicherlich an der herzlichen Atmosphäre, für die der Gastgeber – die Stadt Bonn – sorgte. Dabei blieben die Treffen nicht reine Sightseeing-Touren, sondern entwickelten sich zu wirklichen Begegnungswochen zwischen Juden und Deutschen, zwischen Geschichte und Gegenwart, zwischen Jung und Alt. Dies gelang vor allem auch dank der tätigen Unterstützung verschiedener, in der deutsch-jüdischen Frage engagierter Vereinigungen.
⇒ 10.7.

15.16. Roebke, Albrecht; Alexander Grosskopf,
Entschädigung an politisch Verfolgte in Bonn zwischen 1945 und 1953, Ms., Bonn 1985.

„Mühsam und zeitraubend waren die vielen vergeblichen Versuche. . . . Oft wurden wir von Station zu Station geschickt... ." Offen schreiben sich die Autoren ihren Frust bei der Erforschung des von ihnen gewählten Themas i. R. des Wettbewerbs um den Preis des Bundespräsidenten von der Seele. Wenig funktionierte, von vielen wurden sie vertröstet. Nichtsdestotrotz gelang es ihnen, auf diesem noch weitgehend unbearbeiteten Feld erste Hinweise zum Thema zusammenzutragen. Ihr kommentierender Text verbindet wichtige Dokumente, die z. T. auch abgedruckt wurden. Am Beispiel von Heinz Gatermann, einem verfolgten Kommunisten, der zum Gespräch bereit war, konkretisieren die beiden Autoren das Prozedere der Entschädigung. Eine engagierte Schülerarbeit, der tiefergehende Forschungen folgen müssen.
⇒ 15.7.

15.17. Schlüter, Doris,
Vertriebene und Flüchtlinge in Bonn nach 1945. „Zweite Heimat" Bonn, in: „Es treibt mich die Nötigung des Lebens ...". Fremde in Bonn. Ein historisches Lesebuch, hrsg. v. d. Bonner Geschichtswerkstatt, Bonn 1994, S. 54-60.

Bonn war zwar kein Aufnahmegebiet für Vertriebene, trotzdem siedelten sich hier in der direkten Nachkriegszeit mehrere Tausend von ihnen an. Später kamen zahlreiche SBZ-Flüchtlinge hinzu. In der Mangelwirtschaft entstand eine Konkurrenzsituation zwischen notleidenden Einheimischen und den Neubürgern. Die Autorin erinnert an diese Folgen des Krieges. Erst Mitte bis Ende der 50er Jahre gelang eine weitgehende Lösung dieses Problems.

15.18. Seifert, Oswald,

Der DGB Bonn entsteht

Unsere Bemühungen zur Wiedereinsetzung der Gewerkschaften 1945. Jahresbericht des Demokratischen Gewerkschaftsbundes für Bonn-Stadt und Land, Bonn 1946, Reprint 1985.

Nach einem allgemeinen Stimmungsbericht über die Lage im März 1945 berichtet Seifert über die ersten Aktivitäten zur Wiedergründung der Gewerkschaften in Bonn und läßt Dokumente sprechen. Oswald Seifert, Michael Rott, Otto Rose, Theodor Iffarth, Alfred Schmidt und Paul Niedermair waren diejenigen, die bei den Briten die Genehmigung zur Gründungsversammlung eines Gewerkschaftsbundes für Bonn-Stadt und Land im „Wicküler" (Poststr.) am 5. August 1945 durchsetzen konnten. Zwar folgten noch Schwierigkeiten, aber

nicht ohne Stolz resümiert Seifert, daß es in Bonn gelang, einen einheitlichen, nicht wieder in Richtungen gespaltenen Demokratischen Gewerkschaftsbund zu gründen. Ihm waren bis Ende 1945 schon über 4000 Mitglieder beigetreten.
⇒ 15.13.

15.19. Spoelgen, Eduard,

Aus Bonns jüngster Vergangenheit. Erinnerungen, in: Bonner Geschichtsblätter Bd. 15 (1961), S. 417-469.

Eduard Spoelgen

Der 1933 zwangspensionierte Beigeordnete, 1945 von den Amerikanern eingesetzte und später gewählte erste Nachkriegs-Oberbürgermeister der Stadt Bonn blickt auf die Politik der Jahre 1945 bis 1949 zurück, die von ihm maßgeblich mitbestimmt wurde. Faktenreich, hautnah und spannend schildert Spoelgen die Probleme der Zeit, und wie während seiner Amtsführung nach Lösungen gesucht wurde. „Wie die neue Stadtverwaltung im Frühjahr 1945 zustande kam", „Die ersten Aufbaujahre" und „Die ersten Jahre unter der neuen Verfassung" sind die Kapitelüberschriften, die zugleich eine Nachkriegsperiodisierung ergeben. Spoelgen läßt im Text und im Anhang auch wichtige Zeitdokumente sprechen. Für das Thema „Wiederaufbau nach 1945" gehören seine Erinnerungen zur Pflichtlektüre.

15.20. Unsere Stadt Beuel.

Zerstörung und Wiederaufbau 1945-1955, hrsg. v. d. Stadtverwaltung Beuel, Beuel 1956.

Ähnlich einem Verwaltungsbericht legt die Verwaltung – nicht ohne Stolz – Rechenschaft über den Wiederaufbau nach 1945 ab. In Kurzartikeln berichten die verschiedenen Ämter über Geleistetes (z. B. auf dem Gebiet der allgemeinen Verwaltung, Kultur, Bau, Kämmerei). Hinzu treten (namentlich gekennzeichnete) Artikel zum Kriegsgeschehen 1939 bis 1945 (H. Neu), über den Wiederaufbau der Kirchen (C. Schüller) und die Entwicklung der Industrie. Der Bericht endet mit Ehrentafeln der Gefallenen (1939-1945) und der (zivilen) Opfer des Weltkrieges (1943-1946). Zeittypisch: Ein ausführlicher Hinweis auf die Opfer der Gewaltherrschaft fehlt.

15.21. (Verwaltungs)bericht des Landkreises Bonn

für die Jahre 1945/46 und 1947 bis 1950, Bad Godesberg 1946 bzw. Bonn (1951).

Zum damaligen Landkreis Bonn gehörten die Stadt Bad Godesberg und die Ämter Beuel und Duisdorf. Sie wurden 1969 in die Stadt Bonn eingemeindet. Die Verwaltungsberichte enthalten viel statistisches Material über die Situation und die Entwicklung in der Nachkriegszeit. Auch die wichtigsten kommunalen Probleme der Zeit werden thematisiert. Lesenswert ein von J. I. Schmitz bearbeiteter „Kurzer Überblick auf die Ereignisse in den letzten Tagen des Krieges nach den von der Kreisverwaltung gesammelten Berichten und amerikanischen Quellen" (⇒14.15.).

15.22. Vogt, Helmut,
Neue Quellen zur britischen Besatzung des Raumes Bonn 1945-1949, in: Bonner Geschichtsblätter Bd. 39 (1989, 1992), S. 429-449.

Die lokale Geschichtsschreibung über die Bonner Nachkriegszeit stützte sich bisher weitgehend auf „deutsche Quellen", womit auch ein „ausgeprägt ‚deutscher' Blickwinkel" bestimmend wurde, obwohl in dieser Zeit „auch auf kommunaler Ebene die Entscheidungsbefugnisse gering wie selten zuvor waren." Der Autor weist auf dieses Problem hin. In den Großkapiteln „Der Wechsel der Besatzung im Mai 1945" und „Die Tätigkeit der örtlichen Militärregierung aus britischer Sicht" werden die damaligen Probleme zwischen Besatzern und Besetzten angesprochen. Wichtig ist die Tatsache, daß im Gegensatz zur Lage nach dem 1. Weltkrieg nicht die „Erfüllungspolitiker", also Deutsche, sondern die jeweilige Militärregierung zum Sündenbock abgestempelt wurde: „Der daraus resultierende Entlastungseffekt für die auf dem Gebiet der drei Westzonen schrittweise aufgebaute deutsche Regierungsverantwortung ist nicht gering einzuschätzen. ..."

15.23. Wirtz, Karen,
Die Entnazifizierung in der britischen Besatzungszone (mit Beispielen aus der Stadt Bonn), Staatsexamensarbeit, Bonn 1997.

Zwischen den Alliierten, zwischen Alliierten und Deutschen, aber auch unter den Deutschen kam es nach dem Krieg zu Kontroversen in der Frage, wie eine „Entnazifizierung" der Deutschen durchgeführt werden könnte: Wer war ein Nazi? Wer war nur ein Mitläufer? Wie sollten mögliche Sanktionen ausfallen? Würde eine strikte Entnazifizierung Deutschland nicht noch weiter ins Chaos stürzen? Dies waren Fragen, die regional sehr unterschiedlich beantwortet wurden. Die Autorin geht das Thema systematisch an: Nach einem Überblick über die Versuche der Amerikaner und Briten, das Problem durch Direktiven und Verordnungen in den Griff zu bekommen, konkretisiert sie das Thema am Beispiel der Stadt Bonn (Kapitel 5). Eine interessante Arbeit, die auch viel von den Handlungsunsicherheiten der betroffenen und agierenden Menschen – sowohl der Deutschen als auch der Amerikaner und Briten – in der ersten Nachkriegsphase vermittelt.

Weitere Hinweise

– Wagner, Neubildung der Synagogengemeinde Bonn (nach 1945) ⇒ 10.17.

AutorInnen- bzw. HerausgeberInnenverzeichnis

Aders, Gebhard ⇒ 14.1.; 14.2.

Altman-Radwanska, Jolanta ⇒ 13.1.; 13.2.; 13.3.

Ammermüller, Eva ⇒ 6.1.

Arbeitsgemeinschaft Frauengeschichte ⇒ 8.6.

Augusti, Kathrin ⇒ 13.4.

Bab, Bettina ⇒ 8.1.; 8.2.; 11.1.;11.5.; 12.1.; 14.3.; 15.1.

Bachem, Carl Jakob ⇒ 1.2.

Baum, Anneliese Barbara ⇒ 14.5.; 15.6.

Becker, Willi-Ferdinand ⇒ 2.3.

Bildungswerk für Friedensarbeit ⇒ 1.1.; 1.3.

Binner, Roland ⇒ 4.2.

Bitter, Stephan ⇒ 6.2.

Blatzheim, Rolf ⇒ 14.7.

Bludau, Kuno ⇒ 5.1.

Böger, Helmut ⇒ 3.1.

Böhm, Hans ⇒ 9.18.

Bolten, Marius ⇒ 7.1.

Bonner Anwalt-Verein e. V. ⇒ 4.8.

Bonner Geschichtswerkstatt ⇒ 10.1.

Bonner Heimat- und Geschichtsverein ⇒ 1.4.

Booß, Rutger ⇒ 9.4.

Bothien, Horst-Pierre ⇒ 1.5.; 1.6.; 3.2.; 4.1.; 5.2.; 7.2.; 7.3.; 10.1.; 10.3.; 11.2.; 14.13.; 15.5.

Bouresh, Bettina ⇒ 3.3.

Brabeck, Friedrich ⇒ 14.4.

Brandt, Wilhelm ⇒ 14.4.

Bremm, Ursula ⇒ 4.2.

Brieskorn, Egbert ⇒ 9.7.

Buchstab, Günter ⇒ 5.3.

Bücher, Johannes ⇒ 10.4.

Busch, Jan ⇒ 13.4.

Dembowski, Hermann ⇒ 6.7.; 9.1.

Deutsch-Israelische Gesellschaft ⇒ 10.1.; 10.2.; 10.28.

Dieckhöfer, Klemens ⇒ 11.3.

Dorlass, Ernst ⇒ 14.4.

Dressel, Hans-Christian ⇒ 10.5.

Düwell, Kurt ⇒ 10.6.

Durth, K. Rüdiger ⇒ 5.4.

Eckert, Michael ⇒ 5.4.

Eckstein, Benjamin ⇒ 3.8.

Eichborn, Ulrike ⇒ 3.4.

Eichhorn, Eugen ⇒ 9.2.; 9.22.

Eichner, Wolfgang ⇒ 6.3.; 6.4.

Eilers, Rolf ⇒ 7.4.; 10.8.

Ennen, Edith ⇒ 1.8.; 10.9.

Esser, Albert ⇒ 10.10.

Falkenberg, Guido ⇒ 6.9.

Faulenbach, Heiner ⇒ 9.6.

Feldmann, Annette ⇒ 11.2.

Frauen Museum Bonn ⇒ 8.4.

Fremerey-Dohna, Helga ⇒ 9.12.

Friedensgruppe in St. Marien ⇒ 10.32.

Friesenhahn, Brigitta ⇒ 7.5.

Gatermann, Heinz ⇒ 9.4.; 15.7.; 15.16.

Gecks, Alfred ⇒ 15.7.

Genentz, Wolfgang ⇒ 6.5.

General-Anzeiger ⇒ 14.8.

Gerhards, Thomas ⇒ 4.2.

Gesellschaft für Christlich-Jüdische Zusammenarbeit ⇒ 10.2.

Goebel, Klaus ⇒ 6.7.

Graf, Ursula ⇒ 15.14.

Grimm, Thomas ⇒ 5.8.

Grosse, Pascal ⇒ 11.4.

Grosskopf, Alexander ⇒ 15.16.

Gutzmer, Karl ⇒ 1.7.; 9.8.

Haag, Victor ⇒ 2.1.

Harling, Sabine ⇒ 7.6.

Hauptseminar „100 Jahre Frauenstudium" ⇒ 9.3.

von Hehl, Ulrich ⇒ 6.12.

Hellberg, Helmut ⇒ 9.9.

Henrichs, Annegret ⇒ 3.5.

Hey, Willi ⇒ 14.9.

Heyer, Helmut ⇒ 6.4.

Hindrichs, Andrea ⇒ 10.11.

Hinz-Wessels, Annette ⇒ 6.6.

Hix, Iris-Maria ⇒ 5.6.; 11.5.; 11.6.; 11.7.; 11.8.

Höpfner, Hans-Paul ⇒ 9.10.

Höroldt, Dietrich ⇒ 1.8.; 6.4.

Horn, Joachim ⇒ 15.8.

Hornig, Frank ⇒ 7.1.

Horster, Max ⇒ 14.4.

Hübinger, Paul Egon ⇒ 9.11.

Jovy, Michael ⇒ 7.8.

Jung, Dietrich ⇒ 14.10.

Justiz und NS-Verbrechen (Strafurteile) ⇒ 3.6.; 4.3.; 10.12.; 10.13.; 11.9.; 11.10.;

Kaff, Brigitte ⇒ 5.3.

Kahle, Marie ⇒ 5.7.

Kahle, Paul Ernst ⇒ 9.13.

Kamps, Karl ⇒ 9.14.

Kasack, Wolfgang ⇒ 4.4.

Katholisches Jugendamt in der St. Bonn ⇒ 10.28.

Kirchhoff, Wolfgang ⇒ 9.15.

Klein, Adolf ⇒ 4.5.

Kleinmann, Hans-Otto ⇒ 5.3.

Kleinpass, Hans ⇒ 10.14.

Kleinschmidt-Altpeter, Irene ⇒ 15.3.

Kreisverwaltung Bonn-Land ⇒ 15.21.

Kroll, Frank-Lothar ⇒ 15.6.; 15.9.

Krüger, Gerhard ⇒ 3.1.

Küpper, Jürgen ⇒ 10.15.

Küsters, Hanns Jürgen ⇒ 14.11.

Kuhn, Annette ⇒ 8.3.; 9.3.

Kupsch, Joachim ⇒ 9.4.

Lambart, Friedrich ⇒ 5.14.

Lauer, Wilhelm ⇒ 9.16.

Laum, Dieter ⇒ 4.6.

Leber, Annedore ⇒ 5.5.

Lekebusch, Sigrid ⇒ 10.16.

Leuwer, Ruth ⇒ 14.12.
Limberg, Margarete ⇒ 10.29.
Linn, Heinrich ⇒ 10.17.
Markov, Walter ⇒ 5.8.; 9.4.; 15.10.
von Maydell, Joachim ⇒ 2.2.
Mehmel, Astrid ⇒ 9.18.
Mensing, Hans Peter ⇒ 14.11.
Metzger, Paul ⇒ 14.6.
Moravec, Cordula ⇒ 3.7.
Mühlenbruch, Brigitte ⇒ 9.3.
Müller, Roswitha ⇒ 8.5.
Müller, Stephan ⇒ 10.11.
Müller-Hengstenberg, Herbert ⇒ 15.11.
Müller-Solger, Anke ⇒ 10.18.
Multhaupt, Hermann 5.9.
Neu, Heinrich ⇒ 6.10.; 15.12.; 15.20.
Neuenschwander, Erwin A. ⇒ 9.17.
Neugebauer, Otto ⇒ 10.19.; 10.20.
Neuhaus, Manfred ⇒ 5.15.
Neuss, Wilhelm ⇒ 6.11.
van Norden, Günther ⇒ 6.7.
Nossbaum, Anneliese ⇒ 10.23.
Notz, Gisela ⇒ 5.10.
Orizu, Michaela ⇒ 13.4.
Orth, Linda ⇒ 11.11.; 11.12.; 13.5.
Pamp, Rüdiger ⇒ 4.6.
Paul, Holger ⇒ 15.13.
Pflanz, Silke ⇒ 10.11.
Philippson, Alfred ⇒ 9.18.
Philippson, Dora ⇒ 10.23.
Pommerin, Reiner ⇒ 15.6.
Prolingheuer, Hans ⇒ 9.19.
Puvogel, Ulrike ⇒ 15.14.
Rehn, Frank ⇒ 14.13.
Reimer, Ekkehart ⇒ 7.1.
Remig, Dieter ⇒ 10.5.
van Rey, Dorothee ⇒ 2.3.
van Rey, Manfred ⇒ 1.4.; 2.3.; 9.20.; 10.21.; 10.22.; 15.15.
Rick, Klaus ⇒ 4.10.

Riemer, Ilse ⇒ 14.6.
Roebke, Albrecht ⇒ 15.16.
Rohkrämer, Martin ⇒ 9.21.
Rosendahl, Klaus ⇒ 1.5.; 5.11.; 5.12.
Rothe, Valentine ⇒ 9.3.; 10.23.
Rother, Christoph ⇒ 4.2.
Rübsaat, Hubert ⇒ 10.29.
Samuel, Arthur ⇒ 10.29.
Schafgans, Hans ⇒ 10.24.
Schafgans, Theo ⇒ 10.25.
Schlüter, Doris ⇒ 15.17.
Schmidt, Hannes ⇒ 9.4.
Schmitz, Irmgard ⇒ 1.5.; 10.26.; 10.27.
Schmitz-Reinhard, Johann Ignaz ⇒ 6.13.; 14.15.
Schmitz-Teske, Regina ⇒ 4.2.
De Schnüss ⇒ 7.7.
Schoenborn, Paul Gerhard ⇒ 6.7.
Schoene, Renate ⇒ 9.12.
Schorn, Hubert ⇒ 4.9.
Schüller, Christian ⇒ 7.9.; 7.10.; 15.20.
Schulte, Albert ⇒ 7.11.; 14.14.
Schwalb, Karl Josef ⇒ 5.13.
Seebacher, Johanna ⇒ 13.6.; 13.7.
Seidel, Helmut ⇒ 5.15.
Seifert, Oswald ⇒ 15.18.
Seminar für Frauengeschichte der Universität Bonn ⇒ 8.4.
Sonnet, Peter ⇒ 1.5.; 2.4.
Spoelgen, Eduard ⇒ 15.19.
Stadt Bonn, Presseamt ⇒ 10.7.
Stadtmuseum Bonn ⇒ 10.1.; 10.2.; 10.28.
Stadtverwaltung Bad Godesberg ⇒ 15.2.
Stadtverwaltung Beuel ⇒ 15.20.
Stadtverwaltung Bonn ⇒ 15.4.
Stang, Erhard ⇒ 2.5.; 10.1.; 10.30.; 10.31.; 12.1.
Stankowski, Martin ⇒ 15.14.
Stauf, Franz Josef ⇒ 2.3.
Stein, Marius ⇒ 7.1.
Strack, Herbert ⇒ 14.10.
Studentengewerkschaft Bonn ⇒ 9.4.; 15.7.

Thiele, Ernst-Jochen ⇒ 9.22.
Trinitatiskirchengemeinde Endenich ⇒ 10.34.
Vechtel, Anne ⇒ 6.8.; 6.14.
Verein An der Synagoge ⇒ 1.5.; 10.1.; 10.2.; 10.28.
Verein Gegen Vergessen – Für Demokratie ⇒ 10.28.
Vogt, Helmut ⇒ 1.9.; 2.6.; 13.8.; 14.5.; 14.16.; 14.17.; 15.22.
Volpert, Norbert ⇒ 4.2.
Wagner, Pedro ⇒ 10.17.
Walterscheid, Joseph ⇒ 4.11.
Weber, Phyllis ⇒ 10.18.
Weffer, Dirk ⇒ 1.10.; 1.11.
Weffer, Herbert ⇒ 10.17.
Weffer, Ralf ⇒ 1.10.;1.11.
Weinmann, Martin ⇒ 4.7.
von Weiss, Franz-Rudolph ⇒ 14.11.
Welz, Natascha ⇒ 10.18.
Welter, Elmar ⇒ 3.8.
Wenig, Otto ⇒ 9.5.
Windeln, Olaf ⇒ 3.9.
Wirtz, Karen ⇒ 15.23.
Wissmann, Karin⇒ 10.33.
Wolf, Irmgard ⇒ 3.10.
Zander, Josef ⇒ 2.7.
Zeigert, Dieter ⇒ 14.7.
Zengerle, Karl ⇒ 14.15.

Abbildungsnachweis

Friedrich-Ebert-Stiftung Bonn: S. 26
Gedenkstätte Hadamar: S. 66
Hauptstaatsarchiv Düsseldorf: S. 11
Kunstmuseum Bonn: S. 85
Münsterarchiv Bonn: S. 36
Presseamt der Stadt Bonn: S. 60
Privat: S. 9 (Bitz); 17 (Krämer), 18 (Pohlmann); 20 (Höfs); 23 (Waldmann); 25, 29 (Markov); 27 (Körner); 28 (Kahle); 30, 55 (Rössling); 37 (Steffens); 39, 44 (Martin); 40, 42 (Jovy); 48, 52-1, 52-3 (Bleibtreu); 57, 58 (Shurmann); 62 (Nossbaum); 73 (Müller); 74, 76 (Altman-Radwanska); 88 (Rott).
Staatsarchiv Münster: S. 8
Stadtarchiv Bonn: Titelseite, S. 7, 12, 13, 15, 16, 31, 34, 35, 41, 47, 49, 52-2, 61, 63, 70, 77, 79, 81, 84, 86, 90
Universitäts- und Landesbibliothek Bonn: S. 50
Verein An der Synagoge Bonn: S. 53, 64, 69, 71, 72

Danksagung

Wir danken dem Verein „**Gegen Vergessen – Für Demokratie**" für den Zuschuß zu den Druckkosten.

Der Verein „Gegen Vergessen – Für Demokratie" e.V. in Bonn wurde 1993 auf Initiative von Bürgerinnen und Bürgern ins Leben gerufen, die als politisch Verfolgte unter der NS-Diktatur und dem kommunistischen Regime der DDR gelitten haben. Sie fanden sich zusammen, um sich gegen extremistische Gewalttaten in unserem Land, die Relativierung der nationalsozialistischen Verbrechen, Fremdenfeindlichkeit und Verteuflung von Minderheiten zur Wehr zu setzen. Zugleich waren sie sich einig in der Absicht, die Erinnerung an die Vergangenheit wachzuhalten und die freiheitlich-demokratische Grundordnung zu stärken.

Jeder, der sich durch unsere Ziele und Aktivitäten angesprochen fühlt, ist eingeladen, Mitglied zu werden und mit uns zu arbeiten. Der überwiegende Teil der für unsere Arbeit notwendigen Mittel muß durch Spenden aufgebracht werden.

Verein „Gegen Vergessen – Für Demokratie" e.V.
Godesberger Allee 139, 53175 Bonn

Konto: 110 591 6100 (BLZ 380 101 11)
BfG Bank AG, Filiale Bonn-Bad Godesberg

BONNKAPITAL
Versicherungsmakler & Immobilien GmbH

B/K

Ihr kompetenter Partner
in Sachen Finanzdienstleistungen

Markt 14 • 53111 Bonn
Telefon 02 28/9 81 76-0 • Telefax 02 28/9 81 76-45

blau

Café Blau
Franziskanerstr. 9 Bonn

Thenée Druck

EINFACH ANDERS

Daten
Druck
Distribution

Baunscheidtstraße 11
53113 Bonn
Fon 02 28 / 917 81-0
Fax 02 28 / 917 81-40